信任

经济中的人际纽带

［美］本杰明·何（Benjamin Ho） 著

高李义 译

中国原子能出版社　中国科学技术出版社

·北　京·

WHY TRUST MATTERS: An Economist's Guide to the Ties That Bind Us
by Benjamin Ho
Copyright © 2021 Benjamin Ho
Chinese Simplified translation copyright © 2023
by China Science and Technology Press Co., Ltd.and China Atomic Energy Publishing &
Media Company Limited
Published by arrangement with Columbia University Press
through Bardon-Chinese Media Agency
博達著作權代理有限公司
ALL RIGHTS RESERVED
北京市版权局著作权合同登记　图字：01-2023-4511。

图书在版编目（CIP）数据

信任：经济中的人际纽带 /（美）本杰明·何
（Benjamin Ho）著；高李义译 . — 北京：中国原子能
出版社：中国科学技术出版社，2024.1
书名原文：WHY TRUST MATTERS: An Economist's
Guide to the Ties That Bind Us
ISBN 978-7-5221-2916-7

Ⅰ . ①信… Ⅱ . ①本… ②高… Ⅲ . ①经济社会学
Ⅳ . ① F069.9

中国国家版本馆 CIP 数据核字（2023）第 161589 号

策划编辑	刘　畅　贾　佳	**文字编辑**	贾　佳
责任编辑	付　凯	**版式设计**	蚂蚁设计
封面设计	潜龙大有	**责任印制**	赵　明　李晓霖
责任校对	冯莲凤　邓雪梅		

出　　版	中国原子能出版社　中国科学技术出版社	
发　　行	中国原子能出版社　中国科学技术出版社有限公司发行部	
地　　址	北京市海淀区中关村南大街 16 号	
邮　　编	100081	
发行电话	010-62173865	
传　　真	010-62173081	
网　　址	http://www.cspbooks.com.cn	

开　　本	880mm×1230mm　1/32	
字　　数	178 千字	
印　　张	9.5	
版　　次	2024 年 1 月第 1 版	
印　　次	2024 年 1 月第 1 次印刷	
印　　刷	北京华联印刷有限公司	
书　　号	ISBN 978-7-5221-2916-7	
定　　价	79.00 元	

致　谢

感谢众多读者和我的学生对本书初稿的评论和反馈。著书立说是一件令人生畏的事，因为担心自己写的东西毫无意义。评论和建议提供了肯定：至少本书的某些部分在现在至少对一些人来说具有一定意义。

感谢我之前教过的所有学生，特别要感谢滕常菁（Ivy Teng）、斯蒂芬妮·孔斯（Stephanie Coons）、佐伊·乔普拉（Zoey Chopra）、埃里克·海多恩（Eric Heydorn）及萨纳亚·希卡里（Sanaya Shikari）给予的细致评论。

感谢我的研究助理黛安娜·亨利（Diana Henry），我之所以聘用她，是因为她一直以来都毫不犹豫地挑战我的想法。她在充分考虑本书的结构和主题方面对我帮助极大。我还要感谢本书的文字编辑萨拉·斯特里特（Sara Streett），她仔细和批判性的校阅对我的文章和思想表达起到了很大作用。感谢赛思·斯蒂芬斯 – 大卫德维茨（Seth Stephens–Davidovitz）的指导。感谢我的朋友礼萨·哈斯马特（Reza Hasmath），我们围绕信任进行的长时间讨论，激发了我写作的灵感。

感谢哥伦比亚大学出版社（Columbia University Press）的杰出编辑布里奇特·弗兰纳里 – 麦科伊（Bridget Flannery-McCoy）、

埃里克·施瓦茨（Eric Schwartz）和克里斯蒂安·温廷（Christian Winting）给予我的支持。

感谢我博士阶段的导师爱德华·保罗·拉齐尔（Edward Paul Lazear），他在本书付印前不久去世了。当我还是一名学生的时候，他就确信有一天我会写书，还要我在将来的每一本赠书上签名并题献词赠送给他。他的影响在这本书中无处不在，尤其是他坚信经济学可以揭示普遍真理这一点。他将受到深切缅怀。

感谢我所有的教授、朋友和同事们，你们塑造了我的学术之旅，挑战我的观点，迫使我完善自己的思想。

感谢我的母亲何晓岚（Lan Ho）成就了今天的我，感谢我的弟弟安迪·施莱辛格（Andy Schlesinger）始终让我诚实做人。

最后，感谢我的妻子马咏珊（Romina Wahab）支持我一路上走过的每一步，感谢我的孩子们给我灵感并一直提醒我什么是最重要的。

CONTENTS

目 录

第一章

信任经济学

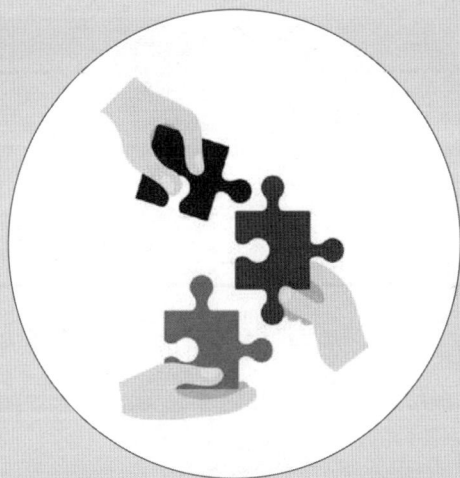

TRUST

　　你可曾想过，我们的相互信任是多么不可思议？你可曾想过，我们走到这一步付出了怎样的代价？曾几何时，正如托马斯·霍布斯①（Thomas Hobbes）在17世纪50年代所描述的那样，生活是"卑污、残忍和短寿的"，是"一场所有人对所有人的战争"。而如今走在大街上，我们可以感到相对安全，从陌生人手中购买商品，比如你现在阅读的这本书。

　　信任经历的所有小幅跨越促使你此时此刻在阅读我写的这本关于信任的书。你必须信任书商为了得到你的钱会给你一本书，而不是拿了钱逃跑。而如果你在网上购买本书，你必须信任你的银行会准确记录你的资金和信用情况并将相应的金额转到书商的账户上。你必须信任书商的网站不会窃取你的账户信息。你还必须信任负责发行你在购买本书时所使用货币的中央银行会维持你所使用的货币的价值，尽管你可能没有想过这一点。我们并非总是会想到这一点，但我们在这个相互依存的复杂社会中所采取的每一个行动——买一本书、驾车上班、送孩子上学、采购杂货……都需要无数人团结一致共同努力才能成为现实。但人们也

---

① 托马斯·霍布斯（1588—1679），英国哲学家、科学家和历史学家，以其政治哲学，尤其是在其代表作《利维坦》（Leviathan）中的阐述而闻名。——译者注

可能不可靠，我们依赖的人越多，风险就越大，这似乎充满风险。

　　那么，我们的社会（尤其是国际社会）是如何变得如此复杂和相互依赖的呢？关于贸易增长、技术发展、专业化优势及资本投资在推动创新方面的作用，经济史学家可以讲出一个漫长而有趣的故事，但这个故事最终有赖于一个更深层次的故事，这就是使贸易、专业化、投资和创新成为可能的"it因素"（It Factor）的故事。这个故事可以一直追溯到人类文明伊始，追溯到人际关系的基石。这是一个关于我们如何学会在风险面前相互依赖的故事。

　　这就是信任的故事。

　　在我看来，人类文明的故事就是学会如何相互信任的故事。起初，人们生活在小型部落中。后来人们认识到，与单打独斗相比，团结合作可以取得更大的成就。一个群体可以捕杀体形更大的猎物，并且更好地抵御捕食者。但合作需要依赖其他人，而随着人数的增加，信任变得更加困难。随着人类文明不断发展并变得愈发复杂，人们迁往城市，并组成同业公会、城邦和国家。与更多人一起生活需要人们学会以新的方式信任他人，需要通过宗教、市场和法治建立各种制度，使愈发复杂的社会得以发展，并使愈发庞大的人际网络得以协作。正是这个过程构建了21世纪的现代经济和社会，在现代生活里，我们前现代部落的本能依然发挥着作用。

　　本书将考察信任如何构建我们的宗教和职场，考察信任如何渗透于我们道歉的方式和发笑的原因。商业品牌和政府都在试图赢得我们的信任。每当我们在不确定的情况下与他人互动，我们都在进行一种信任行为。

经济学家关心信任行为，如果你对此感到惊讶，我并不会惊讶于你的反应。也许你认为信任属于其他社会科学的范畴——心理学、人类学或者社会学，甚至是哲学。你可能是对的，本书的部分目的就是要理解经济学能从上述其他学科中学到什么。但信任对经济学而言同样极为重要。就连"trust"这个词也与我们对经济的看法交织在一起。银行有时被称为信托机构（trust）；许多公司由受托人（trustee）管理；我们为孩子存的钱可以放在信托机构。

在学习经济学的入门阶段，像我这样的经济学教授倾向于将经济行为人描绘成缺乏个性和人情味的存在，但这只是一个假设（与物理学家假设理想的物体表面没有摩擦力一样），随着我们的经济观念和原则不断成熟，我们最终将较少依赖这一假设。如今的经济学认识到，只有"理性的傻瓜"才会忽视关系在现代经济中构建互动的重要性。信任对于构建我们的工作关系、我们与商业品牌的关系、我们的投资，甚至是我们与各国的货币和保证这些货币价值制度的关系，都是至关重要的。从我们在社交网络上的联络方式到推动优步（Uber）和爱彼迎（Airbnb）这样的共享经济的平台，互联网经济领域的许多最新创新都是基于信任的。例如区块链就是一项旨在将信任数字化的技术。

然而，近几十年，我们也开始看到信任正逐步瓦解。人们对媒体、政客、医疗的信任与对专业知识的总体信任已经被削弱。

信任的模式是复杂的，有正面也有负面，但负面影响显而易见且影响巨大。本书关注这些趋势的原因，并且讨论经济学可以做些什么来帮助缓解这些趋势。

为什么要读这本书

信任是人类经验的基础，哲学家、社会学家、心理学家和人类学家都十分重视对信任的研究。那么，为什么应该了解一位经济学家对信任的看法呢？信任是经济运行的基础吗，但这并不意味着经济学家最擅于解释信任。我们甚至可以认为，经济学尤其不适合理解信任：经济学是关于交易、货币、数字、款额和利率的。你的第一直觉可能不会信任那些似乎只在乎钱的人，这样的第一直觉是有道理的。

然而，在一位经济学家眼中，经济科学不仅是关于赚钱。经济学是关于做出选择的学科。你可能读到或听说过经济学是关于稀缺性的学问：经济学家用稀缺性一词提醒我们，我们做出的每一个选择都需要权衡（至少所有有趣的选择都需要权衡）。如果我们生活在"伊甸园"，所有的欲望都得到满足，那么我们就都能拥有想要的一切；而稀缺性提醒我们，资源是有限的，我们必须做出选择。即使我们拥有无限的金钱，但我们拥有的时间也是有限的，所以我们必须进行权衡。权衡则需要我们理解每一种选择的利弊，评估成本和收益，并权衡潜在的回报和可能的风险。

信任的核心同样关于选择：我信赖这个人还是不信赖这个

人？选择信任意味着你愿意和另一个人一起面对风险，因为你相信对方。当与某人合作胜过独自工作时，信任就显得很重要。但当信任某人意味着冒险时，信任将是不可或缺的。经济学家花费了大量时间研究人们如何在情况不确定时做出决定，面对不确定的情况，人们需要评估利弊，需要权衡成本与收益。经济学家用来评估股票市场投资风险的工具同样可以应用于为相互信任做出的选择。

　　经济学还将复杂而丰富的生活网络分解成众多独立的线索。这通常借助数学实现，数学迫使我们更加精确地对待我们的测量对象以及我们对事物如何运作与相互作用的假设。过去20年间，经济学家痴迷于一个问题——"确定"，该如何确定是什么具体特征导致了我们在世界上看到的结果？经济学家之所以关心这个问题，是希望能够告诉政策制定者，他们应该抓住哪条主线，才能让世界变得更加美好。所有科学都是如此，但经济学更专注于精准地确定几个如何以丰富而复杂的方式相互作用的机制。经济学研究找到理解人类社会的方法，但不包含太多的细节，以免陷入无法简化的复杂性。

　　我认为，从多个角度入手是理解任何话题的最佳方式。为了充分理解信任这一概念，最理想的做法是广泛阅读，涉猎不同的学科，因此我邀请你探索本章注释中列出的许多有价值的著作。但由于我是一位经济学家，本书将侧重于经济学，因此，虽然我会从其他学科中汲取营养，但推动本书写作的基本理论和数据将和经济学有关。

为什么要写这本书

长久以来，我一直在思考信任问题，我的博士论文主题也是"道歉经济学"。当我们需要修复关系、重建信任时，我们会采用道歉这一方式。作为微观经济学家，我关注的是双方如何互动。但是，未能得到充分研究的是这些关系如何依赖于信任，而在很大程度上未曾被经济学家们研究过的是人们如何在信任破裂时修复关系——他们是如何道歉的。

经济学研究在很大程度上分为微观和宏观两个部分。简单地说，微观经济学家研究双方的个别交易，比如在一个经济体中购买一辆汽车、聘用一名工人填补一个岗位，或是一份某家公司与其供应商之间的合同。宏观经济学家研究总量，比如，一个国家的国内生产总值（Gross Domestic Product，GDP）、一个国家的失业率和两国之间的贸易流动。当然，宏观经济学（Macroeconomics）与微观经济学（Microeconomics）存在重叠，但经济学界以外的人常惊讶于宏观经济学和微观经济学的巨大差异。

关于信任的宏观经济学观点关注整个经济中的信任总量。社会科学家将此称为社会资本（Social Capital），社会资本的定义不甚精确，但通常包括以下三点的某种结合：人们有多大可能信任陌生人，人们有多少朋友，以及人们独自去打保龄球而不是作为团体的一部分去打保龄球的频率有多高。哈佛大学（Harvard University）社会学家罗伯特·大卫·帕特南（Robert David Putnam）在他所著的《独自打保龄——美国社会资本的衰落与复兴》(*Bowling Alone: The Collapse and Revival of American Community*)一书中对最后一种趋势进行的描述非常著名。这种社会资本方法也得到了斯坦福大学(Stanford University)政治学家弗朗西斯·福山(Francis Fukuyama)的支持,他的著作阐述了信任对国家繁荣的重要性。

然而,我的观点是微观的,因此本书的内容主要是关于信任的微观经济学。我们感兴趣的是个体之间互动的本质,而不是考虑一个群体中的信任总量。我们称第一个人为委托人,委托人信任另一个人,另一个人被我们称为受托人。作为微观经济学家,我感兴趣的是当事双方的信念,以及各方所做选择的潜在动机。宏观经济学强调行为的聚合模式;微观经济学方法着重于理解支配个人选择的规则和机制。

我有幸在行为经济学(Behavioral Economics)于经济学学科起步之初便进入研究生院学习。尽管我的本科专业是经济学,但在本科阶段我甚至从未听说过行为经济学这个词;直到研究生阶段进行到一半时,我才意识到自己感兴趣的那些问题可以归为行为经济学。

现代行为经济学由丹尼尔·卡尼曼(Daniel Kahneman)和阿莫斯·内森·特沃斯基(Amos Nathan Tversky)创立,而且至今依然深受二人研究的影响。丹尼尔·卡尼曼于2002年赢得了诺贝尔经济学奖(Nobel Memorial Prize in Economic Sciences);阿莫斯·内森·特沃斯基原本无疑会获得同样的荣誉,但他不幸在此之前去世了。两人都是心理学家,20世纪80年代末,他们与经济学家理查德·H. 塞勒（Richard H.Thaler）一起将心理学领域的观点和方法引入了经济学研究；他们因此创立了行为经济学这个研究领域。塞勒也在 2017 年获得了诺贝尔经济学奖。心理学家专注于人类的认知。他们倾向于关注个人如何在受控的实验室环境中做出选择，因此，自那时起，行为经济学主要专注于所能提出的与个人有关的问题：我们为什么会拖延，我们如何看待风险，以及我们如何形成并持有关于周围世界的错误信念？打开任何一本行为经济学教科书，你都会发现它很可能围绕上述三个话题展开。这些领域的进步确实惊人，这些进步还促进了从退休储蓄到健康保险再到消费金融（Consumer Finance）监管等众多领域的政策变化。

　　然而，我的兴趣与其他行为经济学家的兴趣略有不同。经济学能从心理学中学到什么？对这个问题的关注意味着人们会较少关注经济学能从社会学等其他社会科学中学到什么，而对身份、关系和制度等问题，其他社会科学处于更加领先的位置。对心理学的关注导致人们相对而言更加关注个体的信念和动机，而不是关注一个与他人建立联系的个体信念和动机。对信任的研究是关于理解我们如何与群体中的其他人建立联系。

　　对信任的研究也是一项关于制度的研究，本书的创作原则之一是关注那些使信任在更大范围内的成为可能的制度是如何发展的。

经济学家如何看待信任

对信任的重要性的认识可以追溯到现代经济学。早在半个世纪前，现代经济学创始人之一肯尼斯·约瑟夫·阿罗（Kenneth Joseph Arrow）就曾指出：

> 然而，最后我想请大家注意一种不太明显的社会行为：包括伦理准则和道德准则在内的社会行为规范。我认为，一种可能的解释是，社会行为规范是社会对市场失灵进行补偿的反应。个人在一定程度上信任彼此所说的话是有益的。在缺乏信任的情况下，安排替代性制裁和保障的成本将非常高昂，并且许多互利合作的机会将不得不被放弃。

肯尼斯·约瑟夫·阿罗对许多事情都有先见之明，包括对道德规范和信任在市场中重要性的认识。直到 20 世纪 90 年代，经济学学科内部对信任的研究已经开始出现，经济学界的其他人才开始赶上。然而，这并未解释经济学应该如何或为什么应该试图阐述信任这一概念。为什么不把这样的阐述留给其他学科，而经济学还能补充什么？

肯尼斯·约瑟夫·阿罗后来在《组织的极限》（*The Limits of Organization*）一书中进一步表示："信任是社会制度的重要润滑剂。信任极其高效，适度信赖别人所说的话可以省去很多麻烦。不幸的是，信任不是一种很容易就能买到的商品。如果你必须购买信任，这就说明你已经对自己买来的东西产生了一些疑虑。"

肯尼斯·约瑟夫·阿罗的主要结论是，那些关心经济学的人也应该关心信任。但这一观点同样表明，那些关心信任的人可以学习经济学家运用的工具并从中受益，这些工具提供了一个与其他社会科学工具不同的视角。正如本章开篇指出的那样，信任是一个已经得到各门社会科学广泛研究的基本人类概念。那么，是什么让经济学家对待信任的方法有所不同呢？

经济学之所以与众不同，部分原因在于它坚持将人类所做的一切都转化为数学形式主义。虽然其他社会科学有时也会以自己的方式使用数学（或逻辑）形式主义，但任何一门社会科学都没有像经济学这样广泛地使用它。在确定我们可以研究的对象时通过将数学的严谨性置于首位，经济学家有意将调查范围限制在可以使用符号精确表达的内容上。我们还获得了使用数学表达思想和信息的优势：更清楚地了解那些驱动我们的模型的基本假设和机制，更容易与其他经济学家合作与交流。

然而，致力于数学形式主义本身并不能定义经济学研究。也许，更根本的问题是我们关注确定因果关系，而不仅仅是确定联系，因为我们感兴趣的是指导性政策。我们将分两步探讨经济学家对信任的看法：首先，我们将使用其他学科提供的信任定义来与经济学家定义信任的方式相比，以便更好地理解经济学家重视的事物类型以及我们试图如何量化这些事物。其次，我们将考察行为经济学家使用的工具，包括理论、实验和实证方法的结合，再看看这些工具如何帮助我们达到精确性和深度，尽管全面性和广度遭到了牺牲。我将展示我们的工具如何帮助我们确定因果关系，而不仅是发现相关性。

定义信任

我们坐在墨尔本（Melbourne）的一家咖啡馆里。我飞越了半个地球去见我的朋友（一位社会学教授），目的是和他讨论一项关于信任如何在办公室发挥作用的实验。然而我们无法就何为信任达成一致。

社会学家可以花好几个小时提出信任的各种定义。纽约大学阿布扎比分校（New York University Abu Dhabi）的社会学家布莱恩·罗宾斯（Blaine Robbins）最近在一篇关于信任的论文中指出："尽管人们对信任进行了几十年的跨学科研究，但文献仍然支离破碎，在信任的起源方面的共识是几乎不存在的。"他赞同信任促进了合作的观点，但除此之外，"信任的各种概念差异极大。事实上，除了信任是在结果未知的情况下产生的这一概念之外，任何一种心理或社会因素都与信任的各种概念不同。"

当人类学、生物学、哲学、心理学和社会学都在试图做出信任的定义时，这些学科在很大程度上都面临着相同的问题，即如何达成共识。

以下定义引自加拿大韦仕敦大学（Western University）哲学教授卡罗琳·麦克劳德（Carolyn McLeod）在《斯坦福哲学百科全书》（*Stanford Encyclopedia of Philosophy*）中关于信任的词条，该定义最接近经济学家对信任的看法，但她又在定义下添加了十几页的限定语和附录，以下截选部分内容：

　　信任是我们对那些希望值得信任之人所持的一种态度；
值得信任是一种财产，而不是一种态度。因此，信任和值得
信任是截然不同的，尽管在理想状态下，我们信任的人将是
值得信任的，而值得信任的人也将会获得信任。为了使一种
人际关系中的信任是合理的（即有道理的），关系双方必须
持有相互信任的态度。此外，为了使信任是合理的（即有充
分的根据），双方都必须是值得信任的。

　　信任会让我们易受他人的伤害（尤其是易受背叛的伤
害）；认为他人是好人，至少在某些方面如此；乐观地认为，
他人在某些方面是称职的，或至少会是称职的。这些信任条
件中的每一个都是相对没有争议的……然而，一个具有争议
的条件还需要我们注意：委托人对受托人的某种行为动机持
乐观态度。在围绕着最后一个标准的方面，双方存在争议，
因为我们不清楚我们期望从自己信任的人身上获得什么样的
动机。

　　同样，我们也不清楚，一个值得信任的人必定拥有什
么样的动机。值得信任所需具备的明确条件是，值得信任的
人有能力做并致力于做被他人托付的事情。但值得信任的人
也可能必须以某种方式或出于某种原因去做他人托付的事情
（例如，她／他关心委托人）。

　　另外，经济学家喜欢简单具体的定义，我们使用的信任模型简单易懂。对大多数经济学家来说，信任就是任何与"信任博弈"（Trust Game）中的行为相似的东西。"信任博弈"是由研究人员乔伊斯·E.伯格（Joyce E. Berg）、约翰·W.迪克赫特（John W. Dickhaut）和凯文·A.麦凯布（Kevin A. McCabe）在 1995 年为一系列实验室实验设计的。他们设计的实验被认为是一位"投资者"和一位"企业家"之间的博弈。投资者有一些初始资金（通常是 10 美元左右），而另一位博弈者，即企业家，有办法让这笔投资实现增长。投资者可以谨慎行事，把钱留在手上，或者冒险将钱托付给企业家，企业家能够创造一定的投资回报（通常是使投资的价值变成原来的 3 倍，即 10 美元的投资将变成 30 美元）。之后，企业家将决定是信守承诺并与投资者分享投资回报，或是通过携款潜逃表明自己不值得信任。

　　在经济学家看来信任博弈强调了对于理解信任在一般关系中如何发挥作用至关重要的各种关键属性。这一博弈可以帮助我们理解双方之间的关系。双方都可以从这一关系中获得某种物质利益，但交易必然存在一定程度的风险。投资者（或"委托人"）承担关系中的风险选择依赖企业家（"受托人"），同时承担物资损失的风险。委托人根据受托人的名誉做出决定，这一做法让受托人有理由想要表明自己是值得信任的人，比如与委托人拥有共同的价值观，有可能为成功的互利风险投资做出贡献。

　　信任博弈模型的简洁性是它的优点，但也是它的弱点。我们将关于信任的定义提炼成我们都能达成共识的具体内容，但这也意味着我们丧失了其他领域所努力解决的一些复杂性。这种共识意味着关于信任的新研究可以更容易地建立在关于信任的已有研究之上，研究者以牺牲其他领域里试图捕捉的一些细微差别为代价，对信任在这种特定环境下如何发挥作用进行更加深入的调查。

当然，信任不仅与金钱交易相关。在任何你需要依赖他人的风险处境中信任都可以被发现。当我们相信某人的意图会引导他以有益的方式行动时，我们就会信任这个人。

举个例子，"信任背摔"，是一种团队建设活动，一个人站立在高高的背摔台上（通常蒙着眼睛），并向后倒进团队成员的怀里。这种情况本身就充满风险。"信任背摔"通常是新团队在职前培训中进行的活动。人们不确定新队友的意图，也不确定队友们在人们倒下时会遇到什么干扰。但人们大多数最终还是会向后倒去，信任队友会接住他们，避免他们痛苦地接触地面。

我的小儿子在 2 岁时很喜欢玩"信任背摔"。他会爬到床、沙发、游乐场的梯子或其他类似的东西的顶端，然后轻率地向后倒，不会试图保护自己，自信地认为他妈妈或我会接住他。他的哥哥（4 岁）觉得这看起来很有趣，也试图向后倒，但他已经到了足以产生怀疑的年纪。他（像我们大多数人一样）总是会回头看，或者向后伸开双臂以便保护自己。对父母一定会保护他的"盲目"信任已经一去不复返了——他已经长大了。我们可以把"信任背摔"看作一种信任博弈。向后跌倒者就像使自己置于风险境地的投资者，信任"接应者"（企业家）会确保自己的安全。

运用信任博弈理论来思考这些信任互动十分方便，这种便利性允许我们通过数学表示信任互动，并利用数学赋予我们严格性和精确性。

比起经济学使用的数学模型中的假定情况，世界无疑要复杂得多，但经济学家往往更青睐简洁的定义。经济学家往往更青睐那些可以用数学加以量化、可以在实验室环境中复制、可以根据现有数据轻易进行测试的定义和模型。一个人们常说的寓言在这里很有用：深夜时分，在喝了一整夜酒之后，一名醉汉出现在一个停车场。只有一盏街灯亮着，它只照亮了偌大停车场的一小部分。这名可怜的男子用手和膝盖在灯光下爬行，寻找丢失的钥匙。一位警官经过并主动帮忙。警官开始在整个停车场进行系统的搜索。一段时间之后，警官注意到那名醉汉从未离开过街灯附近的区域。她问那名男子为什么他不在别处寻找，因为钥匙可能在停车场的任何地方。醉汉回答说："只有这里有灯光。"

这个故事意在表明那名醉汉看起来很愚蠢，但经济学家对此并不那么肯定。我们可以把经济学研究的领域看作是关注有灯光的地方，而像社会学研究的领域则是将停车场作为一个整体加以分析。尽管真相可能存在于黑暗的停车场的任何地方，但经济学家更愿意专注于回答那些可以被实验、计量经济学和数学博弈论等经济学工具的"明亮灯光"照亮的问题。《经济学帝国主义》（*Economic Imperialism*）是经济学和其他社会科学之间关系的宣言，该文作者爱德华·保罗·拉齐尔过去经常对我说："社会学家更擅于提出问题，而经济学家更擅于找到答案。"

经济学家关注的被灯光照亮的区域，即我们提出的问题和我们提供的答案，可以通过三个特征得到最佳描述：

● 经济学问题和答案可以使用统计工具和实验实证工具进行研究。
● 经济学问题和答案可以使用数学模型进行建模。
● 经济学问题和答案专注于推断因果关系。

上述三点相互关联。尽管经济学曾一度被第二个特征（坚持理论）所主导，但如今大多数经济学研究都是实证性的。经济学家提出的问题往往是由现有数据驱动的。然而，理论仍然至关重要，因为它赋予了实证关系以意义。数据本身（大数据或其他数据）只能表明两种模式具有相关性。数据永远无法解释为什么某件事会发生，也无法解释如何最好地改善事物的状态。统计数据可以表明两种现象是相关的，但要确定因果关系的方向（如果存在因果关系的话），理论则是必不可少的。换句话说，理论允许我们从实证检验中得出意义，将实证结果从一个环境推论到一个新的环境。

例如，一个完善的统计模式是，公民对邻居信任度更高的国家也更富裕。然而，要赋予这一信息以意义，并提供有充分根据的政策建议，我们就需要讨论：是公民之间更高水平的信任导致国家变得更加富有，还是人们随着国家获得财富而开始更加信任彼此？或者可能是第三种不相关的因素导致了信任和财富水平的双双增长。已经确立的理论可以提出将信任和财富联系起来的机制，这样的机制又可以激励以数据为导向的人们寻求新的统计检验。

这指出了将经济学的研究范围局限于运用相对有限的常用数学工具和统计工具的另一个优势：这么做增强了经济学界进行合作的能力。以简单的定义充当接合点，允许研究和研究设计使用共同的语言进行交流。理论产生可以被验证的含义，可以被验证的含义导致新的实证研究，而新的实证研究提出新的理论。"常态科学"的循环周而复始。

我们将在整本书中讨论理论和实验数据之间的相互作用。随着时间的推移，实验过程允许经济学扩大自身使用的工具的范围，即使街灯变得明亮，并扩大街灯照亮的范围。

信任的经济学理论

在长大成人的过程中，我最喜欢的系列书籍就是艾萨克·阿西莫夫（Isaac Asimov）的《基地》（*Foundation*）系列。在该系列书籍中，一位数学家揭示了控制人类互动的方程式。这位数学家称自己的发现为"心理历史学"。我在读大学时惊奇地发现经济学家也有类似的抱负。经济学不仅是关于股票、债券和利率的学问，而且是关于理解我们如何在需要权衡的情况下做出选择的学问。换句话说，经济学家的雄心是揭示人类所做的几乎所有事情，以及人类社会的展开方式。

我的职业生涯始于经济理论研究，目的是为人类的所有行为建立模型，就像《基地》系列书籍的主人公哈里·谢顿（Hari Seldon）所做的那样。从那以后，我将自己的研究工具包扩展到经济学更具实证性的一面，同时遵循经济学界的总体趋势，但我仍然热爱理论建模的美感。

从信任你的孩子的老师会照顾好他们，到信任与你约会的朋友会准时出现，到你度假时将房屋钥匙托付给邻居，到信任你的出租车司机或优步司机会带你到你想去的地方，再到信任亚马逊公司（Amazon）会给你发送正确的订单，直到信任你的公司会支付你的薪水，我们大多数人一直在日常生活中处理信任问题。然而，我们可能不会考虑允许这种信任存在的机制。经济学理论家的目标是运用数学揭示构建我们日常互动的关系。

在本节中，我将概述来自经济学理论的三个关键见解，它们将帮助我们理解信任的根本机制：

● 双边关系是通过经济学家所说的信任博弈进行建模的，信任博弈是一种委托代理场景，在这一场景中，信任的所有关键经济学特征都可以通过信任博弈的不同迭代被加以观察，包括风险、共同价值观、牺牲和名誉。

● 信任发生在一种合作关系的背景下，随着时间的推移，这种合作关系伴随着反复的互动。我们今天的行为方式取决于这些行为将如何影响未来的合作。与此同时，我们今天的行为方式还取决于过去的合作行为。

● 我们不确定他人看重的是什么。采取成本高昂的行动往往比空谈更能证明我们自己。

信任博弈

如前一节所述，经济学家在很大程度上将信任定义为任何与实验性信任博弈中的行为相似的行为。从广义上说，这是双方之间的任何博弈，在这样的博弈中，双方将因合作而受益。需要信任的情况具有风险性。一名博弈者，即委托人，通过将他自己置于风险境地来要求潜在的合作，而另一名博弈者，即受托人，可以回报或背叛这种易受伤害的行为。如果受托人进行回报，那么双方都将受益；但如果受托人背叛了委托人对他的信任，他将以牺牲委托人的利益为代价获得个人利益。由于知道这种情况可能发生，委托人可能一开始就不会发起互动。信任会让他容易受到伤害。

在前文所述的信任博弈实验中，投资者决定是否投资，而企业家决定是否回报投资者，该实验是"委托代理博弈"这类更加宽泛的博弈的一个例子。在这些博弈中，委托人（在信任博弈实验中是投资者）必须依赖他人，即代理人（在信任博弈实验中是企业家），完成一项任务。从根本上说，这些博弈是关于委托人在信任代理人时所面临的风险。然而，在通常情况下，团结合作可以让我们取得比单打独斗更大的成就。因此，这些博弈为我们提供了各种洞见，使我们得以建立各种制度，以减少依赖他人所导致的风险。

　　我们可以使用博弈树将这种互动可视化（图 1.1）。在博弈树的起点，委托人将选择一条路径，也就是是否信任受托人。如果他选择不信任受托人，那么他将保留自己的 10 美元，而受托人得不到一分钱。然而，如果她选择信任受托人，那么受托人就可以做出决定。信任行为使投资的价值增加了两倍，所以现在有 30 美元可以分割。受托人可以选择回报并与委托人平分这笔钱，这样双方都将得到 15 美元；受托人也可以选择背信弃义，将所有的钱据为己有（受托人拿 30 美元，而委托人拿不到一分钱）。

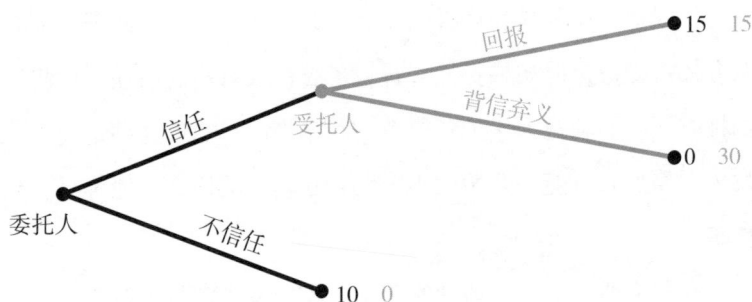

图 1.1　乔伊斯·E. 伯格等人提出的信任博弈实验的博弈树

　　为了分析人们在信任博弈中的行为，我们求助于博弈论。在博弈论中，我们期望博弈者拥有完美的远见，能够预见他人会如何回应自己的行为，因此，为了分析在博弈中发生的情况，我们从博弈的终点开始，此时受托人已经做出选择，情况最为简单，之后再返回博弈的起点。

　　当受托人被要求做出决定时，他会简单地将自己从回报行为（15 美元）中获得的报酬与自己从背叛行为（30 美元）中获得的报酬进行比较，并选择背叛，原因是 30 美元比 15 美元多。

之后，我们回到博弈的起点，假定委托人准确地预测到受托人会背叛自己，委托人会怎么做？也就是说，委托人知道，"信任"带来的收益为零，而"不信任"至少会为自己带来 10 美元的收益。因此，委托人选择"不信任"。

对信任博弈进行的传统经济学分析预测了信任的崩溃：当委托人无法信任受托人并确保 10 美元的收益时，他为什么要信任受托人并冒一无所获的风险呢？尽管在博弈双方都信任对方的情况下，双方都能从中受益，都能赚到 15 美元，但预期委托人会尽量避免一无所获的结果这样做似乎是合理的。然而，无论是在博弈实验中还是在现实博弈中，信任一直存在。那么……什么事发生了呢？

行为经济学家几十年来一直致力于深入研究并解释这一现象。许多实验表明，考虑受托人的道德价值观可以产生更加准确的人类行为模型，诸如互惠、利他主义或内疚等价值观。然而，我们无法确切地知道他人的价值观，所以我们需要了解委托人将如何应对这种不确定性。要做到这一点，我们需要利用更多来自博弈论的工具。

现在，我们将根据以下四个关键变量来分解人们在信任博弈中的行为模型：

● 信任（名誉）。代理人在信任博弈中的名誉表明了委托人认为代理人值得信任。代理人知道自己看重的是什么以及自己是否值得信任，但委托人在遇到陌生人时，就必须基于对代理人过去行为的推断和委托人先前对一般可信度的信念做出决定。

● 值得信任（价值观）。代理人的可信度取决于他们的价值观，或者经济学家所说的"偏好"。使某人值得信任的价值观取决于手头的任务和关系，但我们通常认为值得信任的人是那些与我们拥有共同价值观的人，当我们信任他们时，他们更有可能帮助我们完成手头的任务。

● 信任行为（易受伤害性）。委托人需要做出选择，也就是一个有风险的选择。如果委托人选择信任代理人，他们就是为了可能的更大收益而冒遭受损失的风险。如果委托人选择不信任代理人，他们就降低了自身的风险，但代价是错过合作产生的潜在收益。委托人是否选择信任代理人取决于代理人进入博弈时享有的名誉。

● 值得信任的行为（牺牲）。代理人选择如何处理自己获得的信任往往涉及某种成本或有形的牺牲。通过以一种值得信任的方式行动，代理人回报了他人对自己的信任，此举提高了代理人的名誉，也增加了未来他人对代理人的信任。

信任的这四个组成部分构成了一个循环（图 1.2 和表 1.1），由值得信任的行为赢得的名誉为双方下一次见面时的信任奠定了基础。在这个信任博弈的基本公式中，信任是不对称的。雇主是委托人，而代理人是受托人。当然，在大多数关系中，信任往往是双向的。有时候，我必须信任你；有时候，你又必须信任我。在这一节中，我们关注单方面的信任关系；在下一节中，我们将关注相互信任。

信任周期模型

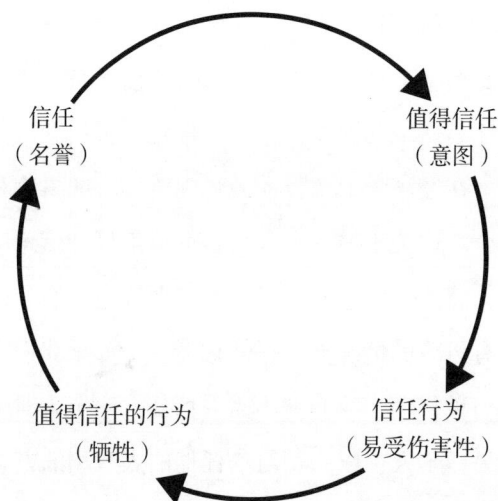

图 1.2　信任分为四个阶段。信任指委托人认为与自己交往的人值得信任。如果这种信任水平足够高，信任行为就会发生，委托人冒险相信受托人，从而使自己容易受到伤害。受托人通过回报这种信任行为表明自己值得信任，也就是通过某种涉及成本或个人牺牲的行为来表明。受托人的行为使自己在委托人眼中的名誉得到更新，这为他们接下来的互动奠定了基础。

表 1.1　经济学中的信任

	信任	值得信任	信任行为	值得信任的行为
主要观点	名誉	价值观	易受伤害性	牺牲
经济学观点	信念	偏好	行动	互惠

	信任	值得信任	信任行为	值得信任的行为
经济学	贝叶斯定理	盈余	委托代理	高成本信号
术语	更新	合作	问题	

信任 / 名誉 / 信念

首先，我们将把信任某人这一状态（信任是一个名词）和信任行为（信任是一个动词）分开。信任是一种信念，而信任行为是一种行动。在经济学中，行动源自你所关心的事物和你所相信的事物的结合。你关于另一个人是否值得信任的信念决定了你是否信任他们，而这些信念取决于你如何理解他们的名誉。

只有在有风险的情况下信任才被需要。如果我们完全了解他人即将采取何种行动，我们就不需要信任。一个人对另一个人的信任是相信另一个人会以一种对信任他的人有利的方式行事。

当我们信任某人时，信任是基于我们相信对方拥有良好的意图。我们相信，在他们身上冒险是值得的。如果他们在过去采取了成本高昂的行动来表明自己值得信任，我们就会信任他们。当获得某人值得信任的证据时，我们就可以建立信任。这与信仰相反，信仰通常被定义为没有或不需要证据的信任。

在数学化的信任博弈中，信任是指你相信受托人有可能选择分享博弈的收益而不是独享收益。

当我们第一次与某人交流时，我们依赖于自己的先验直觉。这些先验直觉依赖于刻板印象和我们对陌生人的普遍信任。我们如何形成刻板印象，以及人类从只信任我们认识的人到信任一般人的历程，这些都将会在本书的第一部分（信任的历史）中得到介绍。

刻板印象之所以存在，是因为在历史上的很长一段时期内，建立信任的主要机制是信任那些与你有相似之处的人，以及信任你的内群体^①（in-group）成员。在人类文明的整个发展过程中，群体规范和规则是建立信任和合作的强大工具，但群体规范和规则同样存在巨大的成本。当依赖刻板印象和直觉时，我们就会受到不值得信任的骗子的伤害，他们为了自身利益颠覆了我们的刻板印象。我们还可能最终将某些人排除在信任对象之外（我们本可以从与这些人的互动中受益），侵犯他们的尊严，并阻碍社会充分发挥自身潜力。我们将在本书后面的部分再次探讨这些权衡问题。

值得信任 / 价值观 / 偏好

正如我们将信任状态与信任行为分开一样，我们也会将值得信任这一状态与反映值得信任这一状态的行为分开。一个值得信任的人有时可能会做出一些降低或损害自身可信度的事，而一个不值得信任的人有时可能会在适当的激励下表现出值得信任的行

---

① 内群体又称"我们群体"，简称"我群"，是指一个人经常参与的，或在其间生活，或在其间工作，或在其间进行其他活动，并且具有情感认同和强烈归属感的群体。——译者注

为。然而，一般来说，值得信任的人是怀有良好意图的人，这意味着，如果一个人知道这些意图，这个人就会信任怀有这些意图的人。人们的意图源自他们的价值观。在经济学中，我们根据一个人的偏好来考量这个人的价值观。

人们常常将经济学与完备信息这一概念联系起来，完备信息指各方都知道所有人的一切。事实上，在过去的半个世纪中，经济博弈论的许多内容都和信息不对称有关，即一方知道另一方不知道的信息。在这种情况下，受托人知道自己有多么值得信任，而委托人必须对此加以猜测。一个值得信任的人会采取值得信任的行动，以此证明他人信任自己时所冒的风险是合理的。在信任博弈中，值得信任的行为是选择更加公平的回报而不是将所有利润据为己有。如果你信任书商会卖给你一本好书，那么值得信任的行为是制作一本好书，而不是制作一本坏书。

回想一下，行动取决于信念和偏好。因为简单信任博弈的设置意味着所有的不确定性都落在了委托人一方，信念对委托人而言并不像对受托人那么重要。因此，决定一个人是否值得信任的标准是委托人自己的一套偏好。这些偏好反映了他们重视的东西，同时决定了他们的意图。

什么样的具体品质才是值得信任的呢？这取决于涉及的人员和手头的任务。让一个人值得信任的特点是那些会给委托人带来理想结果并让委托人想要在未来和这个人进行更多互动的特点。

值得信任之人的特点包括：

- 能力。

- 利他主义。

- 同理心和责任心。

- 公平意识。

- 互惠意识。

- 尊重。

- 关心我的福祉。

- 了解并理解我重视的东西。

在数学化的信任博弈中，一位自私自利的理性受托人总是会把所有钱据为己有，而不是与委托人分享。然而，如果一位受托人在不分享收益时感到内疚、对另一方感同身受或考虑到利他主义，这位受托人就会选择分享。那些促使人们在信任博弈中进行分享的品质定义了值得信任在信任博弈中意味着什么。

信任行为 / 易受伤害性 / 风险

信任行为需要有合作机会，并在之后承担风险。当人们足够信任某人时，他们就会愿意在此人身上冒险。这种信任建立在对另一方可信度的评估之上。

经济学的核心观点是，团结一致可以取得比单打独斗更大的成就。亚当·斯密的《国富论》（*The Wealth of Nations*）问世于 1776 年，我们通常将该书视为经济学的开山之作。众所周知，本书一开始便讨论一家大头针工厂。在这家工厂中，每名工人的专业化意味着，与一组工人各自单独完成整枚大头针的制造相比，相同数量的工人一起劳动可以生产出更多大头针。之后，他将上述分析带进了对贸易收益的讨论之中。当买家和卖家同意一笔交易时，买卖双方都会获益。这两个例子都说明了总产出是如何随着人们的合作而增加的。我们常常认为经济互动是零和博弈，这需要我们通过竞争确定如何对固定规模的资源蛋糕进行分配。然而，经济学家倾向于将大多数互动看成是正和博弈，也就是说，合作可以增加所有人的蛋糕尺寸。

　　然而，合作往往存在风险。没有风险，信任就不再必要。但当人们需要一起工作时，这样一个问题经常会出现：所有人都会认真工作，还是部分（或全部）参与者会逃避工作。当买卖双方同意一项交易时，存在的风险是卖方可能出售有缺陷的产品或买方可能不付款。

　　决定合作风险是否值得的另一个关键因素是博弈论学者所说的"外部选择权"（Outside Option）以及我们教工商管理硕士生所称的"谈判协议"的最佳替代方案。在经济学中，一个选择总是要考虑到谈判协议的最佳替代方案会是什么，这被称为"机会成本"。因此，信任某人的风险总是相对于信任其他人的风险进行衡量的。在数学化的信任博弈中，信任行为是委托人做出的第一个决定。外部选择权是委托人如果选择"不信任"可以得到什么（在信任博弈中是 10 美元）。风险源自委托人不确定受托人会做何反应。一位冷酷而自私的受托人会做出自私的选择，但一位无私的受托人会分享收益。委托人所冒的风险是不知道受托人可能采取何种行为。

尽管我们通常认为风险是坏事，但有时候，在一种关系中，少许风险是有益的（甚至是必需的）。信任往往是双向的，有时候，赢得他人信任的最好方法就是首先信任对方。互惠往往是合作行为的核心所在，除非委托人自己愿意冒险，否则他（她）们将无法达成互惠合作。我们将在本书稍后的部分看到，有时候，当我们允许多一点风险存在时，也就是当我们承担受到伤害的风险时，商业合同就可以更好地被执行。

对于这种易受伤害性的需求而言，最能引起共鸣的比喻或许来自一篇 2000 年发表的论文，论文名为《豪猪之吻：从归咎责任到宽恕》（*The kiss of the porcupines: From attributing responsibility to forgiving*）。在这篇论文中，心理学家弗兰克·D. 芬彻姆（Frank D. Fincham）认为，人际关系就像两只豪猪的爱情：彼此充满爱意，但总是有可能刺到对方。

值得信任的行为 / 互惠 / 成本

信任某人的关键在于，你期望受托人采取某种让你受益的行为。你和受托人共同承担的风险基于这样的期望，即合作可以产生互惠的收益。受托人如何回应你的信任行为取决于他们的价值观。这些价值观决定了一个人的可信度。

值得信任的行为通常伴随着成本。如果做正确的事情很容易，那么每个人都会这么做，受托人将如何行事也就不会有任何不确定性。甚至连受托人都不会存在，因为信任根本不被需要。

表明可信度需要有人付出代价。

在信任博弈实验中，值得信任的行为是受托人做出的决定。受托人选择值得信任的行动的成本（与委托人分享收益）是他通过自私行为额外获得的钱（即受托人将因自私行为而获得 30 美元，因分享而获得 15 美元，因此在信任博弈中，值得信任的行为的机会成本为 15 美元）。

有时候，值得信任的行为源自一种内疚感：内疚是受托人表现自私时的成本。如果这个成本超过合作的成本，那么内疚的一方就会合作。

在人类社会中体现自己值得信任是十分重要的，因此我们有许多旨在让这种体现成为可能的制度。其中之一就是道歉制度。道歉的一个矛盾之处是，尽管我们想要他人在错怪我们时道歉，而且道歉往往是原谅和重建信任的途径，但我们对道歉之人的第一反应往往是进一步惩罚他们。在信任博弈模型的背景下，这是因为我们需要让道歉付出高昂的成本。只有成本高昂的道歉才能表明可信度并使信任得以重建（实际上，我在自己的博士论文中用数学方法证明了这一点）。

用今天的牺牲换取将来的名誉，我们如何平衡这对成本和收益成了一个重要的问题。在博弈论中，为了提高个人的名誉而做出高成本选择的做法被称为信号传递。

因果关系与实证工作

一家公司的首席执行官曾经问我，为什么他应该聘用一位经济学家（我），而不是那位申请同一份咨询工作的统计学家。当时，这位首席执行官正在寻找一位具有数据科学技能的学者帮助他分析他的公司的数据。我告诉他，他应该雇用我的原因很简单：我接受过理论学教育。统计学家也使用理论，但他们的理论基于抽象的数字世界，可以像计算人数一样轻而易举地用来计算星星或变形虫。经济学这项致力于理解人们的行为方式的理论已经有一个世纪的历史。这给了我们经济学家一项至关重要的优势。

数学理论一直遭到经济学以外的社会科学家的攻击，被认为是在浪费时间。他们认为人们的举止不像数学机器人，而对数学的痴迷意味着我们错过了很多问题。即使在经济学内部，理论的作用也在不断下降，原因是新出现的庞大数据集和广泛可用的计算工具使实证工作变得更加重要。与此同时，经济学正在经历一场"可信度革命"，在这场革命中，最近的研究重点不仅在于建立两种现象之间的统计关系（例如，受教育程度越高的人越容易信任他人），而且在于试图找出两种现象之间的因果关系。例如，受教育程度越高的人越容易信任他人，这可能是因为当你更信任他人时，你在学校的表现会更好，而且会继续接受更高等的教育。也可能是因为那些学习经历更加丰富的人遇到了更加多样化的人，并学会更加广泛地信任他人。也可能仅仅是因为教给孩子良好学习习惯的父母也教会了孩子信任他人。可能性是无穷无尽的，但如果我们想要实现改变，至关重要的是理解什么原因导致了什么结果。人们可能想通过建立信任来提升民众的受教育程度，但这只有在信任确实能导致更高水平的教育时才会起作用。或者，人们可能想通过向学校投入更多资金来提高社会的信任水平，但这只有在高水平的教育确实能够提高信任水平时才会起作用。

因此，理论在帮助我们理解因果关系方面起着两个至关重要的作用：

- 理论帮助我们排除因果关系的某些方向。
- 理论帮助我们设计实验来检验因果关系。

理论如何帮助我们排除因果关系的方向？想象一下，每当我按下按钮，灯泡就会亮起。两种可能的推论会存在：

- 按下按钮促使灯泡亮起。
- 灯泡亮起促使我按下按钮。

我们有一个关于意识如何运作的理论，这个理论使得我们可以排除解释。我们永远无法确切地证明因果关系的方向，但我们可以根据自己的世界观，确定哪一种因果关系的方向是可能的。同理，我们普遍接受的关于人类行为的经济学理论，使我们可以排除教育和信任之间存在关系的可能性。

经济学理论帮助我们理解因果关系的第二种方式是，这些理论将情况简化到足以使我们进行实验室实验来检验这些理论。实验经济学家通常会将受试者（如大学生）带到一个房间，受试者在房间里互相进行经济博弈（通常是在电脑上）。当然，电脑上的博弈永远不能完全模拟我们在现实世界中所做的选择。但经济理论确实有助于研究人员确定现实世界的哪些特征是最重要的模拟对象。

在我自己的研究中，我已经用实验室实验表明，人们更有可能模仿周围人的不值得信任的行为模式，而不是模仿值得信任的行为模式。此外，在决定你模仿谁时，第一印象起着更加重要的作用；道歉有助于恢复信任，但只有当道歉的成本高昂时这样的效果才能达到；人们更有可能在关系的早期道歉，此时存在更大的不确定性，而不是在关系的晚期道歉，此时信任已经完全确立。

本书呈现的许多证据都基于从信任博弈的实验迭代中得出的结果。当然，实验室证据只是证据的一种形式，这些结果以数学理论为基础，然后通过观察现实世界中的数据和该领域进行的实验在实地加以证实。经济学中的实验室实验通常意味着在人为环境中进行的实验，参与者进行一种类似于信任博弈的经济博弈，这种经济博弈旨在模拟真实世界中发生的某种情况，比如学生进入校园计算机实验室，或者随机选出的一群人登录一个网站。相反，实地实验是发生在现实世界中的实验。例如，我和我的合著者们做了一项实验，想看看道歉是如何恢复信任的，在这项实验中，我们筛选出 150 万名刚刚经历了一次不满意的乘车体验（比如，由于交通原因，他们未能被按时送达目的地）的优步乘客，将他们分成若干个对照组和实验组，并给每个实验组发送一封不同的电子邮件，为迟到道歉。之后，我们衡量了这条信息对他们未来使用优步产生的影响，认为这种影响是信任的一种指标。

虽然实地实验往往更具说服力，原因是它们更加真实，但它们同样存在许多缺点。首先，从后勤角度看，实地实验很难建立。设计和实施实地实验往往需要相关人员花费数年时间，并编写专门的软件。因此，在进行一次实地实验所需的时间里，人们可以进行许多次实验室实验。其次，实地实验往往也非常具体地针对一家特定公司的情况。研究是为了提出可以广泛应用的一般化知识。虽然我们假设优步的经历可以推广到其他公司，但优步与实力最相当的竞争对手来福车^①（Lyft）也存在极大的差异，因此人们可能会担心，一家公司的结果不适用于另一家公司。最后，实地实验受到的实验控制要少得多。在实验室里，你对实验参与者的类型及他们接触到的信息拥有更多的控制。在现实世界中，接触其他人或外部事件可能会影响你的实验结果。

因此，关于信任博弈的实验室证据为经济学家提供了有关信任如何运作的最多样和最细微的数据。学生们以 2~20 人为一组来实验室参加信任博弈。我们也越来越多地在网上进行实验，以

---

① 来福车是仅次于优步的美国第二大打车应用平台。——译者注

便我们可以从全国各地招募受试者，让他们在自己的电脑上参与实验。实验是匿名的，这样受试者就不知道自己的对手是谁。每名参与者都坐在一台独立的计算机终端前，每个人都收到了指令。一旦我们确定每个人都理解了规则，参与者就会开始博弈。他们通常会在当次实验中与其他人随机配对，一次或多次进行某种信任博弈。每组博弈者中的一名博弈者扮演投资者，另一名博弈者扮演企业家。他们会因为参与实验而得到真正的货币，并用这些钱进行博弈。博弈者的选择会产生真实的货币后果，这一点对于经济学家来说非常重要。我们担心，如果博弈不够真实，参与者的行为会有所不同。因此，经济学实验中的所有博弈都使用真正的货币。

从这个基本设置出发，我们可以开始改变博弈的一些规则，看看什么情况会发生。我们可以增加或减少货币赌注。实验表明：无论赌注高至两周的收入，还是低至几分钱，人们在信任博弈等经济学博弈中的表现惊人的一致。我们可以让人们与同一个人反复进行博弈，看看信任水平是如何随着时间的推移而提高和下降的。在我自己的实验中，我们发现信任水平随着博弈接近尾声而下降。我们可以改变人们掌握的关于其他人在博弈中的行为的信息量。通过这么做，我们发现第一印象很重要，而且信任具有传染性。通过这种方式，我们可以确定信任在宗教、货币政策、科学研究等现实情景中的运作机制，我们还可以利用实验室实验更好地理解这些机制是如何运作的，以及这些机制之间是如何相互作用的。

当实验室证据与阐明所有不同的力量如何相互作用的数学理论一起使用时，研究将取得最佳效果。之后，实地证据可以用来确保在实验室控制范围内发生的情况同样适用于现实世界。

你将读到的内容

第二章将人类文明史重塑为一个关于信任扩张的故事。信任被编码在我们的 DNA 之中；我们生来就具有促进信任并向周围的人表明自己值得信任的本能。但这些本能最初只是把这种信任扩展到我们的家庭成员或部落成员之间。几个世纪以来，帮助我们将信任扩展到更多的人和更大的群体中一直是文明的核心任务之一。我们发展了宗教、市场和法院等制度，以促成和支持这种扩展，但这些促进我们对内群体的信任的制度会使我们更难信任内群体之外的人。我还将解释为什么送礼这种相对不起眼的制度是人类用来建立合作和信任的最基本制度之一。

从信任在货币和银行业中的核心作用，到共享经济和区块链，第三章关注信任在构成现代经济的制度中发挥作用的所有方式。现代经济在很大程度上依赖于我们习以为常的信任，因为我们在信托机构存钱，我们的组织由受托人管理。我们信任中央银行能够管理货币供应，事实上，货币概念本身就要求我们信任货币体系。信任的这种中心地位一直延续到了 21 世纪，在过去的十年中，电子商务、共享经济和区块链领域的最大创新从根本上说都是关于创造克服不信任的新方法。

　　第四章着眼于我们对市场之外的现代制度的信任，从我们对医学的信任到我们对气候变化背后的科学的信任。虽然本书的故事是关于文明和技术如何携手并进，以促进我们对彼此的信任，但近几十年来，信任在某些专业领域遭到了挑战。我们看到人们对医学、媒体和政治的信任水平在下降，对统治者的不信任在加强。信息获取途径无处不在，这使得人们对专业知识的信任受到了影响。我们的制度使我们能够获得更多的信息，也让信任这种信念面临更大的挑战。

　　第五章探讨信任在我们的日常生活和个人关系中扮演的角色，从它在我们如何看待隐私和尊严中所扮演的角色，到指责如何导致信任的崩溃以及道歉如何修复信任。我们将研究为什么有时候我们甚至无法信任自己，以及我们的信任理论如何能够帮助我们做出更好的决定。本章还为恢复失去的信任和继续扩大信任提供了指南。我们讨论了以下内容：我们对陌生人的基准信任水平；为什么信任自己是我们进行人际关系投资的必要条件；我们如何在人际关系破裂时重建信任；人类的尊严如何既阻碍又推动我们朝着加强连接人类的信任纽带这一终极目标迈进。

　　最后对全书进行总结，回溯了我们在全书中探索的人类历史上的信任之路，并将这条路线延伸到未来。我试图将本书建立在研究的基础之上，但对未来进行研究很难，所以我只能在此推测，但我希望你放下本书时，能像我一样对未来的信任持乐观态度。

第二章

信任的历史

TRUST

　　这一章记录了信任的历史，信任从史前一直发展到了现代社会。人们可以把人类文明的故事说成是一个关于我们如何学会彼此信任的故事。我们首先学会了分享集体狩猎的战利品，而不是独自狩猎和进食（或不进食）。通过合作，我们可以建造大教堂和金字塔。但合作意味着依赖他人，这就为逃避责任创造了机会，也就是为群体中的某些成员利用其他人创造了机会。我们曾经需要找到创造信任的方法。随着时间的推移，我们创立了政府和规则来帮助应对这些合作困境，但这些规则同样需要信任才能发挥作用。

　　此外，我们还将通过研究支配人类文明的制度的演变，审视人类文明演变的每一步。不过，为了让事情具体化，我将使用诺贝尔奖得主道格拉斯·塞西尔·诺斯（Douglass Cecil North）提供的经济学定义。也就是，制度是信念和规范，是看不见的规则，约束着我们的行为方式。每一种博弈都有规则，每一个社会同样也有规则。我们为什么要遵循这些规则？原因是我们对自己遵循规则会发生的事，以及不遵循规则会发生的事的预期。这些预期创造了行为规范和规则，我们可以通过博弈论的视角来研究这些行为规范和规则。这些规范或规则是我们所谓的文化的很大一部分。

　　对制度的研究是理解信任的核心所在，原因有二。第一个原因是，大多数的人类制度依靠信任发挥作用。从集体行动到稀缺资源的分配，社会发展各种制度是为了解决自己所面临的问题。更具体地说，市场、法院和民主制度等现代制度在许多层面上都依赖信任。回想一下前文中提到的购买一本书所需的信任。想想裁决一起诉讼或执行一项法规所需的信任。

　　从更根本的层面上说，制度对信任而言至关重要的第二个原因是，我们人类的许多制度都是为了促进信任。人类文明一直都是通过学习在越来越大的范围内合作以建造更大和更伟大的事物。有时候，我站在拥挤不堪的纽约市（New York City）地铁站台上，惊叹于这个每天运送500多万人的交通系统。当人们抱怨拥挤和延误的时候，我对这个系统所代表的人类智慧的壮举感到震惊。这么多人和这么多系统的协调努力日复一日地完成自己的工作。

　　我们可以从绪论中概述的信任博弈的组成部分来思考支持信任的制度。

支持信任的制度

　　我们将信任定义为我们认为与自己交往的人是值得信任的。我们的信念基于我们收到的信息，而许多人类制度是关于传播信息和策划信息的。我们将讨论的例子包括：

- 前现代村庄中的流言网络。
- 我们购物时寻找的品牌。

- 互联网时代的社交网络。

支持可信度的制度

我们已经将可信度定义为某人的一种性格特征，这个人的行为方式证明人们对此人的信任是正确的。在不同的情况下，可信度可能因人而异，虽然可信度反映了某种内在的道德指南，但这些内在的价值观往往源于某种外部的制度性影响。比如：

- 我们在生物进化中获得的同理心和利他主义能力。
- 灌输道德行为准则的宗教价值观。
- 行为准则，例如医学界的行为准则。

支持信任行为的制度

信任行为是一种信仰飞跃。我们依赖他人完成一项任务或采取一种行动，这是在冒险。我们可能拥有强大的信念（即信任），认为这个人是值得信任的，但我们永远无法确定这一点。本书中讨论的有助于人们实现上述飞跃的制度包括：

- 鼓励我们送出礼物而不期待回报的送礼规范。
- 在信任遭到破坏时提供办法的合同。
- 寻求实现交易和合同执行自动化的区块链。

支持值得信任的行为的制度

最后，一旦受托人得到信任，受托人就会决定是否以值得信任的方式行事。这一选择不仅取决于受托人的价值观，还取决于支配受托人行为的制度。其中一些制度会对不值得信任的行为进行制裁。其他制度为人们提供了额外的方式来表明自己值得信任。例子包括：

- 法律体系内的法院和执行。
- 宗教仪式，比如痛苦的文身。
- 道歉是恢复遭到破坏的信任的一种方式。

我们将在整本书中逐一回顾这些例子，但现在我们将从头开始，关注人类信任的生物学基础。

生物学

你可曾想过为什么婴儿会微笑或大笑？

大多数哺乳动物的新生幼崽在出生后几分钟内就会跟跄着站起来并开始行走。人类婴儿需要一年左右才能完成这一壮举。但早在人类学会走路之前，我们就会微笑和大笑。一种动物在出生后的第一年不需要走动，但在出生后的前几周就需要开始微笑，这是怎么回事呢？

进化对特征的选择是有目的的，上述行为在数万年前就被编入了我们的基因之中，但这是为什么呢？大笑的目的是什么？微笑的目的又是什么？说到这一点，为什么人类是唯一一种会脸红的动物？在我们的基因密码中，我们还能发现哪些有助于将我们定义为社会动物的行为？

和所有生物一样，人类将基因传递给下一代。这一生物学需求要求我们确保直系亲属的生存，尤其是我们后代的生存。因此，生物学促使我们信任一个由 1 到 10 个人组成的群体（大约是我们直系亲属的规模）。

我们将会看到，我们在许多个世纪中发展起来的社会制度如何利用这些生物学根基，并将人类群体扩大到拥有数百万甚至数十亿人的社会。

人类激情中的经济学

虽然情感线索和反应更多是心理学的范畴，而非经济学的范畴，但经济学家之所以研究人类情感，是因为它们在塑造经济交易方面所起的作用。经济学家罗伯特·H. 弗兰克（Robert H. Frank）在他的《理性中的激情》（*Passions Within Reason*）一书中指出，我们可以把天生的情感反应看作是帮助我们在经济博弈中选择最优策略的生物学机制。这些机制自动运行并塑造我们的行为，通常我们并不知道它们为何存在或它们帮助我们进行何种博弈。

经济博弈的形式各异，从公司决定如何给商品定价，到工人选择一家公司为之工作，但典型的经济博弈（也许因为它是最古老的）是关于这样一个问题：当两个人需要一起工作来完成一项任务时，他们能够信任彼此并一起工作吗？

罗伯特·H.弗兰克认为，哭泣、大笑或微笑等行为的进化是为了帮助我们一起工作，从而为我们自己带来更好的经济结果。进化通过选择能够增加生存机会的特征起作用，但我们今天对进化的理解使我们认识到，最重要的特征并不是那些确保生物个体生存的特征。相反，进化论认为，我们应该思考有利的特征如何确保基因本身的生存。也就是说，英国博物学家查尔斯·罗伯特·达尔文（Charles Robert Darwin）关注的是那些有助于个体生存的特征的进化。例如，雀喙的形状可能有助于它获取更多的食物。但当代生物学认识到，至少对某些种类的动物来说，个体的生存机会关键取决于个体所处的社会群体的功能。

这一见解为进化论中一个长期存在的难题提供了解决方案：利他行为。为什么进化会让蜜蜂在蜇到入侵者时死去？如果进化是为了促进适者生存，为什么它要设计出导致死亡这一与生存恰恰相反的机制？今天，我们基本上赞同这样的观点：生物学推动的是适应能力最强的基因的生存，而不是适应能力最强的有机体的生存，但认同这一观点需要一场概念上的革命。一只蜜蜂的牺牲有助于确保蜂巢的生存，而蜂巢有助于确保蜜蜂的遗传密码传递给后代，即使那只蜜蜂自己无法存活。一旦生物学家知道该关注什么，动物王国中利他主义的证据就会变得丰富起来，包括吸血蝙蝠反刍血液来喂食其他饥饿的蝙蝠，以及长尾猴发出警报警告其他同类，即使这么做增加了这些动物自身的危险。在人类身上，关于牺牲和利他主义的无私行为的例子比比皆是，包括银幕上的超级英雄故事以及罗马天主教会（Roman Catholic Church）封圣的特蕾莎修女（Mother Teresa）等圣人的故事。

行为经济学家用简单的博弈衡量利他主义。其中最简单的博弈被称为独裁者博弈（Dictator Game）。在独裁者博弈中，受试者可以完全控制博弈的结果。实验室中的受试者得到 20 美元，并被要求和一位匿名的陌生人分享这笔钱。无论钱如何分配，任何附加条件都不存在。令人惊讶的是，大量（40%）独裁者把一半的钱给了一位匿名的陌生人，尽管他们可以把所有钱据为己有而不会产生任何后果。经济学家称这种天生的利他主义为"社会偏好"（Social Preference），原因是它们代表了对社会中他人福祉的偏好，而不仅仅是对自身福利的偏好。独裁者博弈实验在不同国家被反复进行，匿名程度不同，仅举几个变量，但结果一致显示出极高的利他行为水平。

单单是独裁者博弈提供的证据并不能告诉我们这种利他偏好是后天习得的还是与生俱来的，但我们可以做出一些推断。心理学家通过观察人类行为的极端情况来深入了解人类大脑的运作方式。大约百分之一的人可以被称为精神变态。一般来说，精神变态者可以是高功能的，看上去很正常，因为他们知道人类行为的规范是什么，并能模仿这些规范，但他们往往缺乏天生的同理心，同理心使他们不想伤害他人。缺乏同理心意味着无法理解或分享他人的感受。因此，精神变态者在给他人造成伤害时往往不会感到内疚或悔恨。近年来，对双胞胎和兄弟姐妹进行的研究表明，心理变态行为是可以遗传的；这表明，我们想要体验他人感受的渴望至少有一部分是编码在我们的基因中的。我们能够找到同理心基因，这一事实表明，利他主义和同理心具有进化方面的益处，而且这些社会偏好在进化过程中一直是人类行为的一部分。

那么婴儿为什么会微笑

这把我们带回到了最初的问题：婴儿为什么会微笑？罗伯特·H.弗兰克的假设是，进化选择了那些能在经济博弈中产生更好结果的特征。在这类博弈（例如分享狩猎所得的食物）中表现更好的群体更有可能生存下来，并将这些特征传给后代。信任的核心难题是知道应该信任谁。因此，帮助人们表明自己值得信任的特征十分有用。

微笑就可以做到这一点。大多数面部表情往往是自发的，它们自动发生，无须有意识的思考。心理学家保罗·艾克曼（Paul Ekman）一生都在记录这些面部表情，并且能够确定与不同面部动作相关的情感触发因素。微笑是最基本的面部表情之一：婴儿甚至在出生之前就能开始微笑，在两个月大的时候就能通过微笑对他人的微笑做出回应。

微笑有很多作用，而真诚的微笑很难伪装。我们既可以从眼睛中看到微笑，也可以从嘴巴中看到微笑。这一点很容易从学步儿童对着镜头摆出的假笑中或泰拉·琳妮·班克斯（Tyra Lynne Banks）在她的电视真人秀上告诫有抱负的模特时的表情中看出来，尽管大多数人都不会有意识地控制自己的眼睛。真正的微笑是了解微笑者情感状态的窗口。真正的微笑会自动显示微笑者的真实意图，并为其他人提供一条途径，使他们得以更新自己对于微笑者是否值得信任的判断。信任博弈实验表明，我们更有可能信任面带微笑的人。因为微笑很难伪装，它们能提供信息，有助于我们决定应该信任谁。

微笑还有另一个用途：邀请对方回以微笑。微笑是婴儿最早表现出来的互惠行为之一，从这个意义上说，微笑是进入信任循环的一个入口。正如微笑是一种表示微笑者值得信任的方式一样，它也可以用来发出信任邀请。

在婴儿开始用微笑回应他人的微笑后不久，他们就会开始大笑。正如微笑和其他面部线索提供了一个了解某人思想的窗口一样，大笑也有同样的作用。微笑代表幸福和愉悦，而无意识的大笑通常意味着开玩笑的意图。正如在我们的信任理论中指出的那样，意图是决定可信度的关键因素。然而，除了意图之外，大笑还与开玩笑这一更为复杂的社会行为有关。

什么是玩笑？什么让事情变得有趣？观察小孩子的大笑为我们提供了某种线索。躲猫猫是尚未开始学习走路的儿童最喜欢的娱乐。不满一周岁的孩子还不明白客体永恒性，对他们来说，幽默和意外情况有关。当家长的脸消失在家长的双手后面时，家长也从孩子对世界的心理表征中消失了。当家长的双手移开时，家长的脸出人意料地再次出现。随之而来的是孩子的笑声。一旦孩子开始理解被隐藏的物体仍然存在，躲猫猫的幽默就消失了。

　　同样，有一类幽默肯定会让年纪稍大一点的孩子感到高兴："便便"笑话。理解"便便"笑话有助于解释笑话如何成为信任的一个来源。尽管家长的本意是好的，但孩子们很快就会明白，在某些场合谈论厕所的功能是禁忌。因此，这些孩子发现，对这类事情进行意外讨论非常有趣。当规范遭到违反时，人们就会发笑（有时是紧张地笑）。在这种情况下，符合规范的做法是我们在有礼貌的团体中不谈论"便便"。随着年龄的增长，我们的笑话变得越来越复杂，往往提及社会角色和身份，但基本前提依然是：当规范遭到意外违反时，我们就会发笑。

　　下次当你遇到陌生人，但不太确定是否应该信任他们时，试着讲个笑话。如果他们和你一样因为这个笑话而发笑（一种真诚的、自发的笑，而不是强颜欢笑），你可以认为这是一个信号，这表明他们也觉得同样的事情很有趣。因为我们发现违反规范的行为很有趣，共同的幽默感意味着共同的规范。共同的规范构成了信任的坚实基础。

　　脏话的功能与笑话大致相同。语言学家迈克尔·亚当斯（Michael Adams）指出，使用脏话同样可以建立信任。使用脏话是在故意打破禁忌。根据定义，那些打破禁忌的人将受到社会制裁的惩罚。通过故意打破禁忌，说脏话的人将自己置于一种易受伤害的状态，以此开始一种信任行为。对脏话的积极回应会回报这种信任行为，从而完成信任循环。

一种信任激素

信任被编码在我们的基因之中，关于这一点的终极证据可以在围绕催产素（也被称为信任激素）的研究中找到。正如胺多酚与疼痛和快乐有关，肾上腺素与危险有关，催产素则与信任感有关。最初迷恋感更多地与睾酮和雌激素有关，而催产素和长期的爱有关。它在性高潮时释放，以促进性爱后的人际结合。催产素与初为人母者有关，它在分娩和泌乳时产生，被认为能促进母亲与新生儿的联系。有趣的是，初为人父者的催产素水平也会升高，即使没有与分娩和哺乳相关的直接生理刺激。

研究人员对催产素的研究不仅仅停留在观察我们何时产生催产素，而是更进一步，询问我们能否通过控制人体内的催产素水平来控制人们的行为。仅仅观察催产素和信任行为之间的相关性并不能说明催产素导致了信任。催产素可能只是信任行为发生时的其他生物过程的一种副产品，又或者是信任导致催产素的释放。为了证明催产素会引起信任感，我们需要在实验环境中引入额外的催产素。

神经经济学家保罗·J.扎克（Paul J. Zak）等人就是这么做的，他与其他共同作者发现，进行信任博弈的人大脑中产生的催产素水平与他们对另一位博弈者的信任程度有关。从这一发现开始，他们进行了多次实验，在实验中让参与者吸入催产素（人工合成的催产素很容易获得，因为它被用来帮助母亲生产和帮助哺乳有困难的母亲）。研究人员发现，吸入催产素会提高一个人在信任博弈等博弈中表现出的信任水平，并改变他们对他人意图的看法。研究人员认为，提高催产素水平之所以会影响信任，是因为接触这种激素会增强同理心，尽管人们对催产素和信任关系的研究的复制效果提出了一些担忧。

其他研究则通过观察脑部扫描结果来辨别信任的神经生理学基础。类似的实验表明，大脑的其他部分与内疚和悔恨这两种信任循环中不可或缺的重要情感反应有关。"我们的情感旨在促进社会互动"，与罗伯特·H. 弗兰克的这一猜想一致的是，内疚感是一种诱因，它促使我们恢复遭到破坏的信任，并发出信号表明我们在未来值得信任。

另一项研究关注的是基因和信任之间的联系。比较异卵双胞胎和同卵双胞胎的研究表明，我们在信任博弈中的行为是可以遗传的，尽管研究人员发现环境的作用比基因的作用更加重要。

最近兴起的一种被称为具身智能（Embodied Intelligence）的心理学流派提供了更多关于大脑如何处理社会信息的生理学线索。这一领域的文献认为，由于大脑的各个部分都是相连的，因此各种看似无关的感觉输入会影响我们的感知和行为。一项实验曾让受试者认识一名陌生人。在一次实验中，受试者手里拿着冷饮料，而在另一次实验中，他们手里拿着温热的饮料。拿着温热饮料的受试者更有可能认为陌生人是值得信任的，这也许是因为受试者不自觉地将陌生人与温暖联系起来。

总而言之，生物学为我们提供了引起信任和表明可信度的方法，以解决应该信任谁这个信息问题。从婴儿知道如何微笑，到我们对脏话和违反禁忌的行为的自动反应，我们天生具有某些社会反射，这些反射不仅鼓励我们信任他人，同时也是表明我们值得信任的可靠信号。我们倾向于信任那些与我们拥有共同规范和价值观的人，因此，使这些规范显现出来并可视化的机制成了构建信任循环的重要部分。

我们用笑话来识别具有相同价值观的人。一种值得注意的常见笑话是那些故意贬低"别人"的笑话。通过诋毁那些"和我们不是一类"的人，"我们"在自己周围建立凝聚力。我们用以建立信任的机制存在一个有害特性，即这些机制经常故意排斥外群体[①]（out-group）。我之后将在书中再次讨论信任的这一有害特性。

礼 物

我喜欢圣诞节，音乐、装饰品、无处不在的幸福感，还有礼物！在成长的过程中，我认为我母亲用大量圣诞礼物弥补了她在"二战"后的中国台湾（Taiwan）相对贫困的童年缺憾。圣诞树总是被淹没在包装鲜艳的礼品盒下面。有些人通过褒奖、付出时间、为他人服务或身体接触来表达自己的爱；我母亲则通过礼物表达她的爱。

经济学家和权威人士都喜欢抨击送圣诞礼物的做法。他们认

---

① 外群体又称他们群体，简称他群，泛指内群体以外的所有社会群体，是人们没有参与也没有归属感的群体。——译者注

为，送礼破坏了圣诞节的精神，圣诞节本应是阖家团聚的日子。经济学家乔尔·沃德福格（Joel Waldfogel）在他的《送礼经济学》（*Scroogenomics*）一书中推测，在美国，人们每年在礼物上的花费高达 660 亿美元，其中大约 18%（120 亿美元）可能花在了收礼者不想要的礼物上。乔尔·沃德福格认为，钱基本上被冲进了下水道。他主张改送礼品卡，更好的做法是送现金。如果你真的想表达你的关心，就给对方现金，让他们自己决定买什么礼物。在许多文化中，送现金是标准的做法（比如中国新年时送的红包）。然而，乔尔·沃德福格的观点存在一个漏洞，你可以驾着红色的大雪橇穿过这个漏洞：它忽略了送礼在加强人际关系方面所起的重要作用。

　　送礼制度实际上是建立信任的一种重要途径，其中原因正是送礼涉及风险。我们冒着买错礼物的风险，这样做既浪费钱，又让人尴尬。为什么我们不直接索要现金，并为自己购买我们想要的东西？为什么我们会有一套依赖别人为我们挑选礼物的制度？正如在我们的理论框架中所指出的那样，衡量可信度的一种方式是看他人在多大程度上了解我们看重什么。如果圣诞节只送钱成为一种规范，那么更了解我们的人就没有办法通过选择更好的礼物来表明自己值得信任。礼物的选择既能传达花时间寻找礼物的意愿，又能传达对收礼者的深刻了解。经济学家科林·法雷尔·凯莫勒（Colin Farrell Camerer）在我最喜欢的一篇研究论文中阐述了支持礼物交换的博弈论。在他的模型中，他完全承认送礼的低效率和高成本，但他认为，这些成本之所以有用，正是因为它们成本高昂。我们需要有送错礼物的风险，以便在我们送对礼物时加强人际关系。

如今，我们认为送礼是幼稚的表现，是一种轻浮的行为，这种行为分散了我们对更加成熟的行为的注意力。然而，送礼也许是人类最古老的制度之一和现代经济的基础。

礼物经济学

乔尔·沃德福格认为，送礼是一种浪费，因为它没有利用市场体系的配置效率。有效市场（按照经济学的定义）将社会中的资源分配给那些最重视这些资源的人。乔尔·沃德福格的观点很有道理。市场是极其有效的社会资源分配机构。

然而，有效市场并非总是存在；即使在今天，市场也远非完全有效。针对信息不对称和寡头勾结等市场失灵的情况，经济学家的整个职业生涯都致力于识别和寻找纠正的方法。然而，过去的情况更加糟糕，当时我们没有法庭、合同、通信网络和认证体系等制度，而这些制度都是市场正常运转所必需的。但在制度和市场出现之前，礼物就已经存在了。

马可·波罗（Marco Polo）和其他中世纪的欧洲商人前往中国寻找新的贸易机会。然而，这些早期的欧洲商人抵达中国却发现，从制度上说，国际贸易在中国是非法的。从14世纪到19世纪，中国将自己的大部分对外贸易作为一种礼物交换制度加以管理，历史学家称这种制度为朝贡制度。外国使节将商品作为礼物或贡品送给中国皇帝。作为交换，中国皇帝会回赠礼物答谢向自己进贡的国家。之后，中国皇帝会就地出售或分发外国商品，为政府运作提供资金。

换句话说，数百年来，世界与中国的国际贸易都是通过送礼进行的。而这种送礼制度依赖信任。外国使节向中国赠送礼物，原因是他们相信中国会回赠同等价值的礼物。在市场上，习俗或法律要求人们进行一物换一物的交换。在礼物经济中，人们期望同样的一物换一物，但交易双方依赖的是彼此的可信度。

当然，在没有法院和其他现代制度的情况下，这些向中国朝贡的国家能有什么选择呢？如果一名中国商人用丝绸向一名威尼斯商人换取葡萄酒，那么两人都依赖于对彼此的信任，相信对方会履行协议条款。如果任何一方反悔，将强制执行协议的法庭都不存在。市场交换同样依赖信任，而中国皇帝与邻国之间交换礼物的朝贡制度也建立在信任的基础上，只是形式不同罢了。

礼物的起源

尽管我们可以将送礼看成是几个世纪前国际秩序的一部分，但送礼行为的起源可以追溯到人类社会伊始。一位猎人在大草原上成功捕获了一只瞪羚，但他遇到了一个问题：突然之间他拥有了太多的食物，他不可能在食物变质之前吃完。当时可以储存食物以备日后食用的冷藏设备是没有的，可以让他出售肉来换取一种像货币这样可以储存的交换媒介的市场也不存在。这位猎人还遇到了另一个问题。他知道打猎需要很多运气。他今天可能很幸运，但在未来的日子里，他的运气可能不会这么好。解决办法很简单：将多余的肉作为礼物送给当天没能成功捕到猎物的不幸邻居。未来，当情况发生逆转时，邻居们的互惠意识会让他们还你人情。

　　信任的先决条件都已具备。合作是有好处的，因为我们都因分享狩猎的收益而过得更好了。分享是有风险的，因为如果我和你分享，这并不能保证你会和我分享。但互惠互利的空间也是存在的。我和你分享，希望有一天你会还我人情。最后，我们还有机会建立名誉。通过反复互动，我们可以知道谁值得信任，谁不值得信任。

　　"礼物经济"描述了许多前现代部落的组织结构，在"礼物经济"中，人们向村里的其他人送礼。人类学家对构成礼物经济的做法进行了深入研究，并记录了与送礼有关的复杂仪式。例如，在巴布亚新几内亚（Papua New Guinea）的各个部落，人们参加库拉环（Kula ring）交换活动。这项交换需要乘坐独木舟出发，在许多岛屿之间穿行，有时行程长达数百英里。部落成员会在顺时针行进时送出红色贝壳项链，在逆时针行进时送出白色贝壳手链。在印度，有一种兄弟姐妹之间互赠礼物的习俗被称为拉克沙·班丹 ①（Raksha-Bandhan）：姐妹将一根绳子系在兄弟的手腕上，作为回报，兄弟向她赠送一份礼物，象征着自己承诺要保护她。

---

①　又称兄妹节、圣线节、扎护身绳节、系绳保护节。——译者注

在现代西方社会，礼物与孩子、节日和生日有关。在市场出现之前的村庄中，送礼是生存所需的一种核心做法。这就是为什么人类学家琼·E.恩斯明格（Jean E. Ensminger）、约瑟夫·亨里奇（Joseph Henrich）和他们的团队在得知下述情况时会惊讶不已：在面对实验性的经济博弈时，市场出现之前的部落最不可能与人分享。我们接下来将探讨他们的研究。

实验性时间旅行

当我们为了更好地理解信任的历史起源而回溯历史时，我们最想做的就是对几百年甚至几千年前的人类社会进行信任博弈实验。虽然尚无一台时间机器可以让我们做到这一点，但研究人员已经做了次优的事。

由琼·E.恩斯明格和约瑟夫·亨里奇领导的一个小组使用实验经济学的工具考察了经济行为是如何随时间的推移而发展的。该小组确定了世界各地的15个村庄，被选中的村庄代表了不同的经济发展水平。这些村庄涵盖了诸如坦桑尼亚（Tanzania）的哈兹达（Hadza）部落和玻利维亚（Bolivia）的齐曼内（Tsimane）部落等与外部市场几乎或完全没有联系的未进入农业社会的狩猎采集部落，以及全球一体化时期的美国现代资本主义城镇。研究人员试图在每一种文化中找到数个规模相近的村庄，这样他们就可以建立赌注相似的博弈实验。由于并非所有文化都使用货币，因此研究人员将博弈标准化，使博弈的价值接近于每个社区中一名工人两周的收入。在美国，博弈的价值是400美元；而在亚马孙雨林，博弈的价值是一个普通家庭在两周时间内可以捕获或采集的食物量。之后，研究人员让村民们进行标准的经济博弈实验，并比较不同文化的行为。这些博弈包括我们在绪论中描述的信任博弈、囚徒困境（两名博弈者在不知道对方选择的情况下同时选择合作或背叛对方）、最后通牒博弈（衡量人们对公平的重视程度）及独裁者博弈（实验实施者向受试者提供一些食物或货币，对受试者进行测试，并询问受试者会和来自同一村庄的一位匿名者分享多少食物或货币）。

狩猎采集者让我们得以一窥人类在很久以前可能的行为方式，并让我们能够比较我们祖先的行为。研究人员根据市场一体化程度组织了他们研究的群体，群体左侧是狩猎采集者和自给自足的农民，群体右侧是美国和欧洲的全球一体化市场经济。之后，研究人员绘制出了每个村庄的平均利他主义水平，衡量标准是每名博弈者在标准的独裁者博弈中与同村的另一名匿名博弈者分享的食物或货币数量。一个如图 2.1 所示的清晰模式出现了。

我让学生预测哪类社会的分享水平更高，是古代狩猎采集社会还是现代资本主义社会。此时，大多数学生提出的假设与研究人员的假设相同。学生们环顾现代社会，这种社会中充斥着与不具名公司进行的匿名交易，并将现代社会与每天依靠邻居生存的狩猎采集者的村庄生活进行比较。他们据此预测，共享程度更高的狩猎采集者更有可能彼此分享。一些职业人类学家花了数年时间研究这些部落的礼物交换经济，他们做出了相同

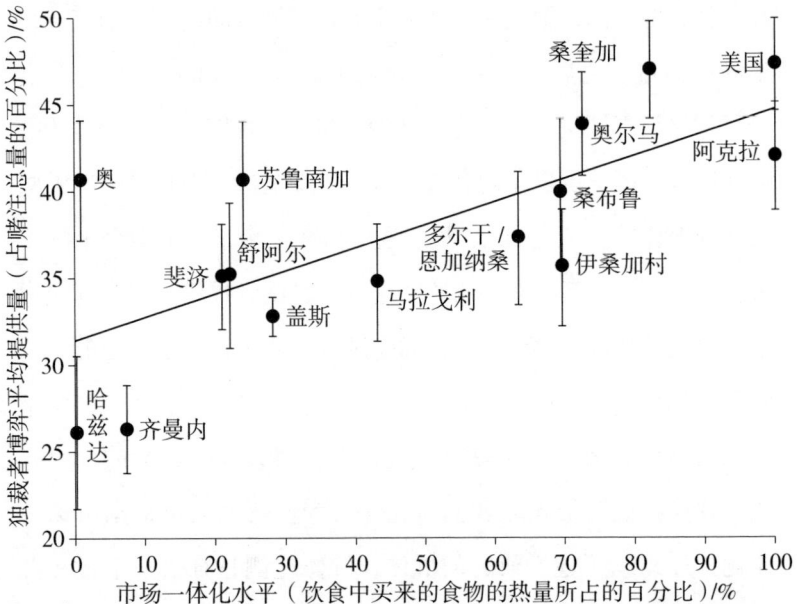

图 2.1 每个群体的独裁者博弈平均提供量，与市场一体化的平均值相对照

来　源：Ensminger, Henrich, J.2014. Experimenting with social norms：Fairness and punishment in cross-cultural perspective. Russell Sage Foundation.Figure 4.4.

说明：误差线是总体均值上的引导标准误差（经 bca 修正）。

的预测。然而，他们发现事实恰恰相反。例如，生活在现代美国的村民最有可能与匿名的邻居分享，而狩猎采集者彼此分享的可能性最小。

　　匿名性是这些标准经济学实验的一个关键特征，而上述学生和人类学家都忽略了这一关键特征的重要性。诚然，狩猎采集者对与邻居合作的依赖性可能远超现代美国人。然而，当面对与一位匿名者分享多少食物这一问题时，这种合作的一个关键特征就消失了：互惠。对这些部落来说，合作每天都在发生，但它总是在长期关系的背景下进行的。

互惠的可能性是礼物交换经济的一个关键部分，当礼物是匿名赠送时，互惠的可能性就消失了。

证据表明，至少在人类中，社会偏好基于互惠和信任。当我们突然得到一笔意外收获（无论是来自一次成功的狩猎还是来自一位来访的外国学术实验人员），我们想要与他人分享这笔意外收获，但不是与一位匿名者分享。相反，人们会与特定的人分享自己的收获，因为分享意外收获成了信任和互惠循环的一部分。我与你分享这次狩猎所得的肉，是希望你能与我分享未来狩猎所得的肉。换句话说，我是因为信任才分享。

研究人员对自己的发现感到惊讶，但他们很可能不应该如此。博弈论也会预测到同样的结果。原因是礼物交换取决于有条件的合作，这种合作依赖于你的交换伙伴的良好声誉。因此，有条件的合作需要你知道自己的交换伙伴的声誉，因此需要知道你的交换伙伴是谁。

基于所欠的人情和期望的人情，我们很容易凭直觉得出礼物交换经济的基本原理，但博弈论可以帮助我们回答的一些重要问题依然存在。例如，当部落成员的数量增加时会发生什么？

我们可以看到两个人之间的人情交易是如何进行的，但将这种想法引入一个更大的群体，新的困境就会产生。成为群体的一分子对群体成员而言是有利的，因为拥有更多的人意味着风险被广泛分散，变得更加稀薄：在只有两个人的情况下，这两个人在捕猎时很可能同时碰上坏运气，但大数定律^①（Law of Large Numbers）指出，随着人口规模的增长，坏运气会被平均化。更大的群体同时带来了更加多样化的技能，从而带来更多专业化合作的机会。

然而，更多的人也意味着维持信任的难度更大。博弈论学者集中分析了随着群体规模的扩大而出现的问题，这些问题来自"未来预期"。对于需要信任的理性决策而言，考虑未来显得十分重要，原因有二：

● 在未来遇到同一个人的可能性让我有理由在今天表现得更加值得信任。

● 在未来认识他人的好处让我有更多理由在今天冒险信任某人。

也就是说，信任在很大程度上依赖于对行为的未来结果的预期，对可能的结果的预期既约束了受托人今天的行为，又使委托人敢于冒险。这就是为什么耐心是发展和维持信任的关键：为了让其中许多执行机制发挥作用，我今天必须冒险，希望将来获得某种回报。这需要耐心。在双边（一对一）关系中，我今天所做的事情会更可能再次发生。然而，当我只是一个大群体中的许多

---

① 大数定律是指在随机试验中，每次出现的结果不同，但是大量重复试验出现的平均值却几乎总是接近于某个确定的值。——译者注

人中的一员时，这种耐心就会受到更大的压力。

在匿名的实验互动中，我们可能永远不会再见到对方，琼·E.恩斯明格等人的研究表明，在这类互动中，我们的基本本能倾向于不信任。当我与一位我每天都会见到的邻居保持一种持续的关系时，我就有了一个实实在在的理由建立值得信任的名誉，因为我的名誉可能会让我在将来受益。此外，建立一种持久关系的可能性让我有理由冒险建立信任，因为今天建立的关系可以在未来产生回报。这一切都会随着我经常交往的人不断增多而改变。

维持一种关系的价值取决于我再次与你互动的概率。博弈论学者把这种概率性与贴现率联系在一起，贴现率被定义为你在未来对某一事物的重视程度与你今天对同一事物的重视程度之比。例如，假设漫画《大力水手》（*Popeye*）中的温皮（Wimpy）提议："我很乐意在星期二给你两个汉堡，换取今天的一个汉堡。"如果你接受，这就意味着你在星期二的贴现率为50%：未来的一个汉堡价值今天的半个汉堡。

博弈论的关键发现是，当人们更看重未来时，合作行为更容易维持。这只是人们更有耐心的另一种说法。

群体规模问题很重要，因为我与你再次互动的可能性越小，我就越是会低估我们未来关系的价值。如果我只有一位邻居，我可能每天都会见到这位邻居。如果我有两位邻居，我见到每一位邻居的频率可能会减半。如果我有三位邻居，我见到每一位邻居的频率可能是我只有一位邻居时的三分之一。我的邻居越多，我与其中任何一位的互动就越少，而为了维持与邻居的关系，我需要更有耐心。缺乏互动意味着我现在对人际关系进行投资的理由不太充分，我也没有太多关于我所在群体里的人的信息。

闲谈是另一个与群体生活有关的关键发明。由于不知道应该信任群体中的什么人而产生的各种问题经由闲谈得到了缓解。当我与另一个人保持一对一的直接关系时，我可以观察到他们过去的行为。随着群体的发展，我不能再仅仅依靠自己的经验；相反，我开始依赖他人的经验。通过参与闲谈，我可以享受更大的关系网络的好处，同时利用他人建立的信任来降低风险。此外，知道自己的行为会很快被大家知道，这有助于提高我的可信度。如果我知道关于我的良好行为的消息会传播开来，我就有动机做一位好公民。或者，也许更重要的是，对有关我不良行为的消息会传播开来的恐惧会让我变得规规矩矩。在极端情况下，群体中最不值得信任的成员会遭到排斥，部分原因是没有人信任他们，还有部分原因是为了警告其他人要守规矩。

当然，流言蜚语也有自己的问题。我需要知道哪些信息可以信任。我需要一个理由与他人分享自己的信息。群体需要机制来确保共享的信息是可靠的，也需要机制来减少欺骗的动机。任何一个小时候玩过传话游戏的人都十分清楚流言蜚语是如何传播错误信息的。当人们出于私利而散布谎言时，不良信息的传播就会加剧。本章将要讨论的许多文化制度，如法律和宗教，都是为了帮助解决大规模流言问题而产生的。如果没有这些制度，群体的规模发展就会受到限制。

人类学家将群体规模的极限数字称为邓巴数字（Dunbar's Number），对人类群体来说，邓巴数字大约是 150。进化人类学家罗宾·伊恩·麦克唐纳·邓巴（Robin Ian MacDonald Dunbar）在 20 世纪 90 年代确定了这个数字。他指出，灵长类动物大脑新皮质的大小与它们倾向于形成的群体规模之间存在相关性。他推测，灵长类动物利用新皮层来记录彼此之间的关系。因此，尽管人类拥有所有灵长类物种中最大的新皮质（图 2.2），这意味着我们同样有能力生活在规模最大的群体中，但我们最终仍受制于我们的群体在稳定状态下的最大规模。

罗宾·伊恩·麦克唐纳·邓巴推测人类部落的平均规模确实趋向于 150 人左右，通过阅读人类学文献，他从关于人类部落平均规模的文献中为自己的推测找到了证据。他认为，一旦部落规模超过 150 人左右，该部落就会因内部冲突而瓦解。他的论据如下：他认为，自罗马军团（Roman Legion）以来，150 人就是军事单位的标准规模；他还查看了脸书（Facebook）的数据：我们在脸书上彼此互动的平均人数约为 150 人。

不管我们的大脑结构是否可以用来预测我们的社会群体构成，可以肯定的是，邓巴数字已经不再限制我们今天组成群体的方式。

人类识别自身群体成员身份的方式经历了深刻的变化。部落变成了村庄。村庄变成了城镇。城镇变成了城邦。城邦变成了国家。今天，人们愈发认同规模更大的人类阶级，认同整个人类，甚至将认同扩大到更大的范围。伴随着人类身份认同的

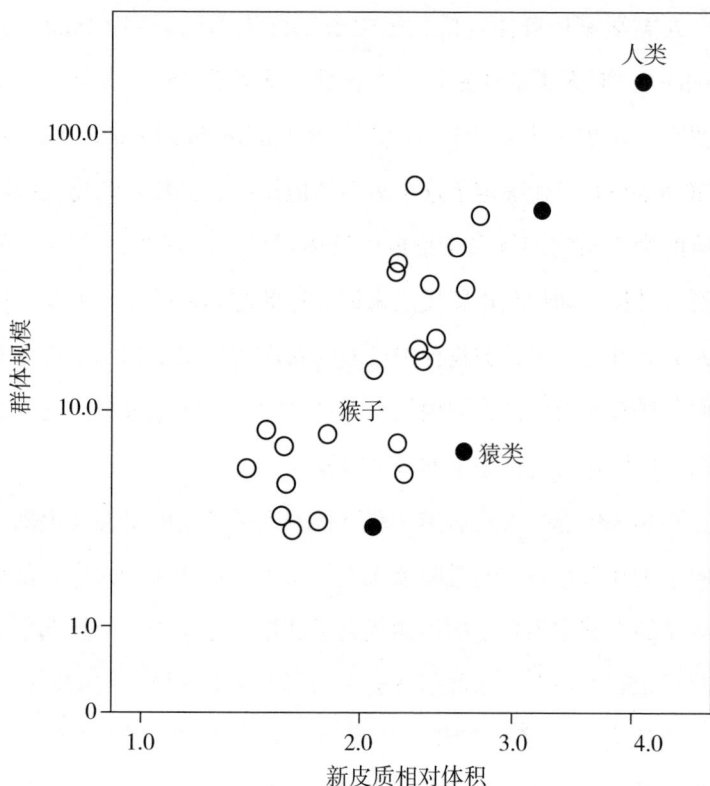

图 2.2　社会群体平均大小与灵长类新皮层相对体积（以新皮层体积与皮质
　　　　下大脑体积之比为指标）的关系

注：填充圆：猿类（包括人类）；未填充圆：猴子。回归线表示不断增加的
社会认知复杂性等级（以不断增加的回归线密度为指标）。
来源：Dunbar, R. I. (2014). The social brain: Psychological underpinnings and implications
for the structure of organizations. Current Directions in Psychological Science,
23(2), 109–14. Figure 1.

扩展，新的制度也在不断发展，使我们能够应对与更多人交往
所产生的压力。

　　礼物经济最初是一个系统，该系统的基础是记录人情并且

在任何时候都知道谁欠了你人情以及你欠了谁人情。邓巴数字表明，在我们的账簿超负荷之前，我们的大脑可以管理大约 150 个人情账户。我们接下来要探讨的一个技巧是分组：我可以通过将艾米（Amy）、鲍勃（Bob）和卡尔（Carl）归入一个小组并记录我与该小组的关系来节省脑力，而不是分别记录这三人欠我的人情。信任是一种信念，一种信息形式，所以我们至少可以在一定程度上把信任问题看作是一个计算问题。许多为了帮助解决信任问题而发展起来的制度都基于简化信息记录问题。

这种分组技巧为在规模大得多的群体中建立信任开辟了道路，并对我们的群体组织方式产生了许多影响。这种分组技巧还创造了强大的机制，促使我们根据个人所属的群体来定义我们对个体的感觉。这种对群体认同的依赖一直是人类文明发展的一个强大因素，并继续对我们今天所做的一切施加强大的影响。

在决定信任谁时，我们有一种强烈的偏见，即偏爱自己的部落。对自己部落成员的内群体偏好一直是人类发展信任的基础，因为这种偏好使人们更容易决定信任谁，还因为这种偏好使遭到驱逐的威胁成为一种可能的惩罚，从而鼓励良好的行为。在越来越大的组织层面（从村庄到国家再到国际社会）促进信任的关键是扩大我们的部落，让更多的人加入进来。从人类用宗教信仰自我组织的方式中，我们可以看到将信任扩展到部落之外的最初步骤之一。

宗　教

在柬埔寨（Cambodia）矗立着世界上最伟大的奇迹之一，那就是吴哥窟（Angkor Wat），一个有着近千年历史的庞大石制寺庙群。吴哥窟占地数百英亩，隐隐冒出丛林，是世界上最大的宗教建筑之一。高棉（Khmer）文明的许多其他部分已经消失在丛林之中，但吴哥窟保存至今。

当我第一次以游客身份到达吴哥窟时，我问导游这些建筑的用途是什么。它们是市场、学校还是军事防御工事？导游回答说，尽管这些建筑有很多用途，但它们的主要功能是宗教性的。在我看来这很奇怪。考虑到文明的兴旺繁荣取决于制度的运作效果，这个文明将如此多的财富用于建造寺庙，而不是构建贸易、教育或防御等更加实用的建筑，却仍然能够繁荣起来，这似乎很奇怪。然而，从哥特式大教堂到埃及（Egypt）金字塔，过去千百年里保存至今的许多令人印象深刻的建筑在本质上都是宗教建筑。这一事实表明，将很大一部分资源用于宗教的文明普遍存在，也许宗教支出有助于这些文明的繁荣。

宗教制度之所以持续存在，也许是因为它们起到了某种功能主义的作用。正如进化的压力确保了生物界的适者生存一样，同样的机制也促使适应能力最强的社会得以幸存。从历史上看，更强大的社会在生产力方面胜过或征服了邻近社会，因此更有可能逐渐发展。拥有强大宗教制度的社会在它们的建筑中反映了上述价值观。这些社会之所以兴盛，是因为宗教制度以某种方式促进了稳定性和社会凝聚力，这为经济增长铺平了道路，因此造就了宏伟的建筑。我想说的是，宗教之所以成为一种如此强大的力量，一个主要原因是它促进了信任。

在上一节中，我们谈到了邓巴数字如何预测人类大脑可以处理与大约 150 人的关系，超过 150 人，这些关系就会开始逐渐瓦解，群体功能就会失调。为了让文明的规模超过这个数字，我们需要发展新的社会制度。

本节讨论的很大一部分内容受到了经济学家劳伦斯·R. 伊纳库恩（Laurence R. Iannaccone）开创性研究的启发，他提出了解释宗教行为的博弈论模型。其中许多理论模型已经通过实验室实验和观察时间序列数据得到了双重检验。劳伦斯·R. 伊纳库恩对作为制度的宗教持功能主义观点。宗教对其成员的有用之处在于，它提供的服务使更好地履行该宗教职能的社会得以运转。他关注的重点是宗教提供了施舍和保护等服务，而其他经济学家，如阿夫纳·格雷夫（Avner Greif），则强调了宗教联系和附属关系在传播信任方面的作用。

扩展信任的方式

人类社会的规模日益壮大，将信任扩展到这样的大型群体所面临的困境是，我们的大脑似乎只能处理与大约 150 个人的关系。我们能做些什么来扩展这一能力，从而允许社会拥有更多人口？

我们可以从群体的角度来考虑信任扩展问题，而不是根据我们与每个个体交往的经历来决定应该信任谁（这个标准不可能实现）。记录数百人的名誉和关系超出了人类大脑的计算能力。如果我们能够将数百人、数千人甚至数百万人组成一个群体，并记录这整个群体的名誉，这样就易于管理。虽然对群体身份的这种运用并不仅限于宗教团体，但在所有有记载的历史中，宗教一直是人类身份的重要组成部分。用群体名誉取代个人名誉的简单想法对我们的信任模型产生了许多影响。

如果群体身份变成是否值得信任的标签，那么信任就变成了一种共享资源。阿夫纳·格雷夫发现了中世纪晚期的一些例子，当时，一个行会甚至一座城市中的一名成员的一个不值得信任的行为，会导致其他行会和城市中的商人与这个违规团体中的所有成员断绝关系。群体身份中的所有成员都从他人的积极行为中受益，但与此同时，他们也会受到某一名成员不良行为的影响。群体需要避免在自身队伍中出现搭便车者，也就是那些享受群体赢得的名誉却没有对群体名誉做出积极贡献的成员。

将信任视为一种共享资源的影响之一是：群体往往会设立很高的准入门槛，从而确保潜在成员不会草率对待成员身份。类似的例子包括痛苦的文身或在仪式上烙下疤痕、展示专业知识或行话（例如背诵经文），以及其他入会仪式。大学校园里的研究人员喜欢研究大学兄弟会和姐妹会使用的入会仪式，这些仪式通常很复杂。当我加入一个大学荣誉社团时，我的一位朋友是该社团的主席，负责接纳新成员。当她穿着长袍进行所有必不可少的"秘密"仪式时，她非常努力地保持着严肃的表情。长袍、蜡烛、圣歌，虽然这些都很荒谬，但它们都有一个目的。你可能听说过认知失调（Cognitive Dissonance）这个词。关于认知失调的经典研究之一关注的是，增加大学社团入会仪式的痛苦程度会如何增加那些成功入会者的忠诚度。

愿意跨过一个群体的准入门槛，这从两个方面表明了一个个体值得信任。首先，愿意忍受入会仪式的痛苦或困难的个体表明了自己对该群体的长期承诺。成员身份带来了好处：通过预先负担成本，群体可以确保成员的承诺；为了收回这些可能很痛苦的最初成本，对群体长期保持忠诚可能是必要的。其次，入会仪式上的这些做法在入会时留下了持久而难以伪造的印记，因此，当人们在异国他乡遇到一个陌生人时，确定这个人的成员身份是很容易的。

此外，由于每名群体成员的行为都反映了群体的名誉，而且群体标记往往是永久性的（文身很难去除，专业知识或行话很难忘记），因此群体可能会采取一些做法让离开群体变得困难（甚至不可能）。类似地，如果一个个体必须被逐出群体，群体会想方设法以某种永久性的方式标记违规者，以保持群体成员的诚实正直。

群体成员身份往往与成员需要遵守的规定有关，如果群体成员不遵守这些规定，被制裁的风险就会存在。其中一些规定看似武断，但是武断的规定与入会仪式都有这样两个作用：它们向群体成员发出信号，要求成员们长期持续履行对事业的承诺；它们还向群体内的其他成员和陌生人发出信号，表明群体成员的身份。

内部规则还有其他功能。合作的博弈论观点提出了许多解决合作困境的方法。人们可以采取"让爱传出去"的做法，即A对B的善意将通过B对C的善意得到回报。群体也可以制定规则惩罚不值得信任的行为。在实验室博弈中，受试者会牺牲自己的收入来惩罚那些被自己撞见存在失信行为的人。同样的群体执行行为在军队的各个分队等独立的社会群体中也能被观察到。

在现实世界中执行规则时遇到的一个实际困难是，当决定采用多套规则中的哪一套时，每个人都需要持相同的意见。它的正式称呼是协调博弈（Coordination Game）。像宗教和政府这样的制度有助于实现这一过程，它们有助于创建在群体所有成员中传播和执行规则的中央系统。

群体之外的成员将无法获得关于内群体所遵循的规则的信息。群体之外的成员没有表现出对群体的承诺，所以他们得不到信任。因此，宗教制度倾向于执行的行为模式是信任内群体成员，而不信任所有内群体之外的人。

这种行为在人性中根深蒂固，几乎无法避免，而且似乎是不言而喻的，但它的存在已经被经济学实验仔细证实过。凯瑟琳·C.埃克尔（Catherine C. Eckel）在实验室中进行了信任博弈实验，发现两名博弈者之间的信任程度取决于两者之间的"社会距离"。尽管"社会距离"这个词最近被赋予了不同的含义，但社会科学家通常使用"社会距离"一词来指代对和自己不属于同一个社会群体的人的熟悉程度或亲近感。一个人与你在社交方式上越相似，你越有可能信任他们。

我们相信地狱

上一节从微观经济学的角度对宗教进行了探讨。利用来自博弈论的观点揭示了用于激励小群体成员的信任和值得信任行为的动机和机制。不过，宗教和信任之间的宏观经济关系也得到了研究。

经济学家罗伯特·J.巴罗（Robert J. Barro）和雷切尔·M.麦卡利（Rachel M. McCleary）在2003年发表了一篇很有影响力的论文，研究了经济增长和宗教之间的关系。他们在考察了100多个国家自1960年以来的经济增长状况之后得出了一个令人难以置信的结论：一个国家对地狱的相信程度对经济增长具有积极的影响。此外，他们发现，宗教信仰本身并不是导致这种增长的原因，因为在民众更加虔诚信教的国家，经济增长速度实际上较慢。

约瑟夫·亨里奇将这一研究扩展到了宗教在前现代文明中所扮演的角色。他和他的同事们报告称，宗教的发展与经济强劲增长时期相对应，而且具体来说，这些文明得以发展的关键在于，它们信仰的宗教中存在一个惩罚性的神（会对你的不良行为进行惩罚的神），而不是一个自然主义的神（会解释雷电等现象的神）或一个淘气的神（只会给凡人带来麻烦的神）。

罗伯特·J.巴罗和雷切尔·M.麦卡利认为，他们发现的效应存在因果关系，因为他们使用了一种被称为工具变量模型

（Instrumental Variable Model）的统计技术来确定因果关系的方向。也就是说，不是快速的经济增长增强了人们对地狱的相信，而是对地狱的相信导致了更快的经济增长。这个因果方向非常重要。宗教信仰导致经济增长的观点，包括本章中描述的宗教与信任之间的联系，早已被理论化。然而，我们始终需要注意这样一个事实：相关性不是因果关系。经济增长可能导致更高的宗教热忱，原因是更高的经济增长使人们更加乐观，对更高的力量心存感激。或许还存在第三个因素（比如文化），它导致了更高的宗教热忱和更高的经济增长。

宗教可以通过许多渠道影响经济增长，我们有证据相信，信任至少是其中一种渠道。罗伯特·大卫·帕特南和拉斐尔·拉波塔（Rafael La Porta）记录了各国宗教信仰和信任之间的联系；反过来，信任也与经济增长联系在一起，尽管这是一种复杂的联系。

要分析宏观发现的因果关系总是很困难，因为关于新宗教的形成等事件的数据是有限的，而且你永远不知道什么导致了什么，所以有实验室证据来支持这些研究是很有帮助的。在一项实验中，受试者进入一间实验室进行标准的博弈实验，以衡量信任和公众利他主义，公众利他主义是衡量可信度的一个标准。当受试者联想到宗教时，他们与其他人的差异变得更加明显，由此可见，我们对那些与自己不同的人有一种与生俱来的不信任感。实验也证实了罗伯特·J.巴罗和雷切尔·M.麦卡利两人以及约瑟夫·亨里奇的观察结果，即有助于创造合作的正是宗教信仰的惩罚性特征。

透过博弈论的视角，我们可以更加清楚地阐明对地狱的相信。相信地狱存在可以被理解为一种扩展规则的方式，这些规则会在无人注视的情况下保持群体的凝聚力。哲学家杰里米·边沁（Jeremy Bentham）设想了一种不需要墙壁的监狱。他称之为圆形监狱（panopticon）。牢房组成一个圆环形建筑，中央是一座塔楼。牢房没有墙壁，而是有一扇朝向塔楼的窗户，塔楼可以在任何时候看到任何囚犯的房间。囚犯们无法知道自己什么时候被监视，但他们知道，自己在任何时候都有可能被监视。

根据杰里米·边沁的说法，圆形监狱之所以不需要墙壁，是因为对任何囚犯来说，随时遭到监视的可能性足以确保他表现良好，从而这足以维持纪律。相信存在一位可能一直在观察你的行为的神，这是延伸被观察的感觉的一种方式。

在一个显示遭监视的效果的巧妙演示中，玛丽·L.里格登（Mary L. Rigdon）等人让受试者进行一种简单的利他主义博弈。在决定是否与一位匿名者分享以及分享多少时，受试者将答案记录在一张带有如图 2.3 所示的两种标志之一的答题卡上。当面对一个看上去有点像监视者的脸的三点标志时，人们更有可能采取利他主义行为。

图 2.3 注视脸布局（左）和中性布局（右）

　　博弈论还描述了对上帝的超自然力量的信仰是如何被用于排除为非作歹者的。经济历史学家彼得·T.李森（Peter T. Leeson）研究了烧死女巫等中世纪的酷刑。在中世纪，火审（Trial by Fire）是一种被普遍效仿的做法（因为这种做法可笑至极），在火审中，遭到指控的女巫有机会通过被沸水烫伤或被热烙铁烧伤来证明自己的清白。逻辑是，如果她是无辜的，上帝会让她免受痛苦，但如果她有罪，她就会被烧死。彼得·T.李森发现这种做法惊人地普遍，也许更惊人的是，受审者往往能在火审中幸存下来。彼得·T.李森推测，主持审判的牧师们有办法暗中控制火焰的温度。例如，通过调整祈祷的时机或烙铁在火中的位置，牧师可以使铁棒不像看上去那么热。另一种看似可行的选择是使用石脑油等化学物质，石脑油是一种自古希腊时期就为人所知的石油衍生品，燃烧温度相对较低。它是魔术师和食火者在表演与火有关的技艺时经常使用的一种化学品。

　　彼得·T.李森认为，牧师可以提供一个简单的选择：被告要么接受火审，要么认罪入狱。只要被告真的相信火的力量，那么有罪之人就会认罪入狱，而无辜之人就会接受火审。牧师知道只有真正无辜的人才会接受火审，因此会用石脑油燃起的火代替真正的火，这样就可以避免遭指控的女巫丧命。

　　天堂给予那些被判定为善良之人的奖励在作用上与在地狱中受到惩罚的威胁十分相似。虽然实验表明，在执行纪律方面，惩罚通常比奖励更加有效，但更积极的未来观的价值在于，它有助于通过拓展未来的影响来确保合作。

回想一下，信任的博弈论方法认为，我们合作的程度主要取决于我们对未来（以及因此对我们的名誉）的重视程度。在任何特定的互动中，我们都会受到自私行为的诱惑，但这种诱惑会因为我们知道不良行为会对我们的声誉产生负面影响而减弱，从而影响我们在未来的互动。一个对生命没有期望的人没有太多理由在今天表现得值得信任。

中世纪的世界观通常是悲观的，当时的预期寿命也不长。灵魂永恒的观念给了人们希望和理由去关心和计划未来。通过扩展我们对未来的希望，宗教信仰提高了人们的可信度，这也扩展了我们相互信任的意愿。

我们对宗教的讨论集中在宗教促进信任的三种方式上：

● 宗教促进信任，原因是宗教帮助我们巩固关于不同群体的名誉的信息，从而帮助我们记录谁值得信任，谁不值得信任。

● 宗教改变人们的行为，也许是因为人们对惩罚性的神心存畏惧。这使人们更加值得信任。

● 宗教让我们更有耐心，也许是因为相信来世，或者是因为害怕一直被人监视，而耐心既能促进信任，又能促进值得信任的行为。

但在结束关于宗教的讨论时，我想就本文中的发现提出一个重要的警告。

　　宗教制度的发展使得人类可以将管理信任的规则从 150 人的小群体扩展到遍布全球、人数最终达到数十亿的宗教帝国。然而，这些制度的一个后果是，它们加强了我们的偏见，即信任内群体成员而不信任内群体之外的人。

　　信任内群体是理性的做法，因为你最了解他们。他们的社交规则与你的社交规则一样，都是为了促进值得信任的行为。你们属于相同的信息网络（也就是闲谈网络），这些信息网络有助于你立即确定和孤立害群之马，并增加这些网络的成员间的信任。你们共同的习俗和做法显示了对整个集体的持久承诺。总而言之，这些做法促使人们依赖基于身份的刻板印象和推断。

　　虽然这促进了对群体内成员的信任，但也阻碍了多样性，既因为它排除了来自外部的想法，也因为它阻碍了偏离常规的做法。实验结果令人信服：多样化的群体更具创造力。斯科特·E. 佩奇（Scott E. Page）有一个有趣的理论模型，该模型展示了在寻找新问题的解决方案时，多样化群体的表现如何胜过高成就群体。在一项特定任务中表现最为出色的人倾向于以几乎相同的方式解决问题。因此，建立一个仅仅由高绩效人员组成的团队是不必要的。斯科特·E. 佩奇指出，多样化群体往往能想出更好的解决方案，因为它们能够更广泛地考虑问题的解决方案。

　　在某种程度上，随着制度的发展，与部落主义相关的同质性成本得到了缓解，从而越来越大的部落被允许出现。将"部落"的定义扩展到更大的群体意味着更大的社会。更大的社会可以通过更强的多样性产生更大的增长，从而允许更高水平的劳动专业化。但部落的发展也增加了外群体的敌意。两个相邻的邓巴数字大小的部落之间的冲突演变成了战火，毁灭性的战争夺去了数千人甚至数百万人的生命。

尽管马克斯·韦伯在他最著名的书《新教伦理与资本主义精神》中指出了宗教的好处，但他第二著名的书《经济与社会》（*Wirtschaft und Gesellschaft*）却颂扬了官僚主义的美德。马克斯·韦伯喜欢官僚主义，他认为官僚主义制定了公正的规则，这些规则限制了被官僚主义取代的腐败领导人的部落裙带关系。本节重点讨论了促进大规模信任发展的宗教机构的发展，而下一节将讨论为实现相同目标提供替代机制的法律制度的发展。

中世纪市场与国际贸易

在飞往巴黎的飞机上，我在杂志上看到了一则广告。在这则广告的驱使下，我被马背长矛比武、驯鹰和蜂蜜酒所吸引，乘坐轻轨从巴黎前往 70 分钟车程之外的普罗万（Provins）城。这是一座真正的中世纪小镇，有浓厚的中世纪氛围，为我提供了一个逃离美国游客的机会，这些美国游客每年夏天都会把巴黎的人气旅游景点挤得水泄不通。虽然和法国游客一道欣赏中世纪石弩演示和斗剑表演是一件乐事，但我此行最大的惊喜是，普罗万也是香槟集市（Champagne Fairs）的所在地，而该集市是中世纪经济史上最重要的经济发展成果之一。香槟集市促进了国际贸易的发展，或许还标志着现代经济的开端。

1990 年，博弈论学者保罗·罗伯特·米尔格罗姆（Paul Robert Milgrom）、经济历史学家道格拉斯·塞西尔·诺斯和政治学家巴里·罗伯特·温格斯特（Barry Robert Weingast）共同发表了一篇影响极大的论文，该论文探讨了支撑现代市场经济的制度性规则的历史。正如论文引言部分指出的，现代经济学理论的发展贯穿整个 20 世纪，在很大程度上该理论假设了一个无摩擦的竞争市场。这一假设与其说是想象力的失败，不如说是数学灵巧性的失败。正如一名刚刚接触物理学的学生往往会假设存在一个无摩擦的表面、一种理想的气体或一个无限大的平面一样，在未深入研究市场经济基础的情况下人们假设存在一个正常运转的市场经济是有成效的。然而，到了 20 世纪末，人们愈发认识到这种方法的不足之处。特别是，当经济学在许多发展中国家陷入贫困陷阱之际努力引导社会主义国家向市场经济过渡时，经济学界并不完全理解现代市场经济运转机制这一点变得愈发明显。

这加速了新制度经济学（New Institutional Economics，简称 NIE）的发展，这是经济学中的一种新方法，它试图揭示市场所依赖的、我们以前认为理所当然的社会结构。新制度经济学关注市场等宏观经济制度，并运用博弈论等微观经济学工具揭示使宏观经济制度得以运转的规则。保罗·罗伯特·米尔格罗姆等人的论文对新制度经济学这一方法做出了影响深远的贡献。通过阐明中世纪晚期法国香槟集市允许法官裁决商人纠纷的制度，这些研究人员帮助我们更好地理解了使国际贸易得以运转的制度的起源之一。

正是在这样的学术背景下，我怀着敬畏的心情站在位于法国香槟地区的普罗万城重建的法庭里，看着一名电子法官无声地做出判决。法庭里只有我一个人。大多数游客都在室外观看马术表演或其他丰富多彩的狂欢活动，即使溜进这个黑暗、凉爽的石头大厅也是为了躲避炎热。然而，我充满敬畏地站着，因为那名电子法官代表了市场经济的一个关键发展：一种新型信任的诞生。

何为市场

就像 20 世纪中期的新古典主义经济学一样，我认为大多数人都没有过多地想过拥有一个市场意味着什么。如果你用谷歌搜索市场经济的定义，结果将包括"价格""供应""需求""购买"和"销售"等术语。然而，所有这些术语提出了进一步的问题：什么是价格？什么是购买？什么是销售？更不用提更为抽象的供求概念了。

简单地说，销售就是用商品换取货币，购买就是用货币换取商品，价格就是被交换的货币数额。这些定义似乎很简单，但它们掩盖了一个事实，即它们全都依赖于对货币的理解。我们稍后会回到货币的概念，但现在，你可以把市场交易看作这样一种交易，交易的价格只基于所交易的商品和服务，而不是基于交易者的身份。

对社会学家和人类学家而言，市场经济的到来代表着人类社会组织结构的重大突破。对经济学家来说，市场最重要的影响是社会生产的稀缺商品和服务在分配方式上的变化。市场代表着一种转变：从一个基于人际关系分配社会产品的系统，转变为一个基于匿名规则分配社会产品的系统。

市场的发展至关重要，它使人类社会能够超越部落、脱离礼物经济的束缚，使社会的发展超越了我们的直接关系范围，并为一个更加公平的系统创造了机会。在这个系统中，你的经济福利不受你认识的人的限制。但市场的发展是一个动荡的过程，其特点是与我们之前讨论过的礼物经济和宗教制度存在摩擦的。

我们从琼·E.恩斯明格及其同事在狩猎采集者群体进行的实验中了解到，我们的部落祖先很可能依赖礼物，但他们不习惯在匿名的情况下赠送礼物。瑞秋·E.克兰顿（Rachel E. Kranton）是最早讨论礼物经济和市场经济互动时产生的紧张关系的博弈论学者之一。之所以讨论这种紧张关系，一方面是为了更好地理解我们如何从一个系统进化到下一个系统，另一方面是为了更好地理解当两个拥有不同系统的社会接触时会发生什么。

瑞秋·E.克兰顿指出，我们不能先验地表示一个系统优于另一个系统。如果市场制度羸弱而人际关系强大，那么礼物经济可能更受青睐；反之，市场经济可能更受青睐。她表明，当一个社会过渡到市场经济可能会更好时，如果市场薄弱，这种过渡就会遭到破坏。也就是说，如果每个人都从礼物关系中得到自己需要的东西，人们就不会在市场上进行买卖。相反，市场的到来也会破坏运行良好的礼物经济。人们之所以维持值得信任的行为，部分原因是不良行为可能令我们失去某人的信任。如果一个被排斥在人际关系之外的人可以转向市场买卖他们需要的商品，这将使礼物经济更加难以维持。礼物经济和市场经济在不同的情况下可能都是可行的，但瑞秋·E.克兰顿的研究表明：当这两种制度相遇时，每一种制度都有可能破坏另一种制度的运转。

此外，宗教和市场长期以来一直相互冲突：耶稣将货币兑换商驱逐出圣殿，而禁止对贷款收取利息（即高利贷）在世界各地的宗教中都很常见。市场对宗教权威的力量发起了挑战。

尽管市场存在优势，但人们很容易忘记市场交易是多么令人担忧，以及这个无摩擦交易的理想世界实际上是多么不现实。买卖双方既有欺骗对方的动机，又有欺骗对方的机会。商品可能是假的；货币可能是假的；卖方可能携款潜逃而不交付货物；买方可能拿走商品而不付款。随着交易变得更加复杂（比如购买房屋），欺诈和虚假陈述的机会将成倍增加。

在历史上的大部分时间里，名誉和市场经济是携手并进的。买家和卖家进行交易，但双方都依赖于名誉。名誉既决定了信任谁，也激励了值得信任的行为。人们一次又一次与同一个人进行交易，引入专门从事特定商品交易的人来解决邓巴数字问题。我不需要记录群体中每一个我需要与之交易的人的名誉，我只需要按商品记录对应的商人的名誉。在简单的中世纪群体中，大多数市场只交易少数几种商品，按商品记录供应商的名誉要容易得多。

在下一章中，我们将回过头来探讨现代经济中的许多信任制度，这些制度只不过是在过去几个世纪中演化发展的相同理念的数字化版本。例如，易贝（eBay）上的卖家评分只是数字形式的名誉，而 Yelp①等评论网站则是现代闲话网络。然而，正如琼·E.恩斯明格等人的实验显示的那样，现代制度确实需要人们将自己的思维从特定的交换转向匿名的交换。由此产生的巨大变化是从只信任自己部落中的人（部落指代广义的内部群体）到信任匿名的规则和制度。

让我们回到购房的例子。这也许是现代经济中的一位典型消费者所做的最复杂的交易之一，但我们在这么做时得到了许多制度的保护。因为我们大多数人很少买卖房屋，所以无法依赖名誉。相反，我们依赖验房师和精算师来检查房子，发现并公开对卖方来说是隐私的信息。我们依靠信用评级机构来核查买家的信用。我们依靠政府监管机构要求房屋满足某些要求。如果我们认为需要提起诉讼，我们依靠的是审理案件的法庭。我们依靠第三方托管公司在这些细节问题得到解决之前保管房契。我们依靠警察执行合同。有趣的是，其中许多制度都是私人制度，这些私人制度可能受到政府的监管，但本身并不依靠政府的强制执行。事实上，这些制度的 DNA 可以追溯到 12 世纪和 13 世纪的欧洲，当时的政府更有可能掠夺你的财产，而不是执行你的合同，在跨越领土边界的纠纷中这点尤其明显。在这种环境下，谨慎的做法是不依靠政府，寻找私人替代方案。保罗·罗伯特·米尔格罗

---

① Yelp 是美国著名商户点评网站，创立于 2004 年，囊括各地餐馆、购物中心、酒店、旅游等领域的商户，用户可以在 Yelp 网站中给商户打分，提交评论，交流购物体验等。——译者注

姆、道格拉斯·塞西尔·诺斯和巴里·罗伯特·温格斯特正是把注意力转向了其中的一个制度（香槟集市）。

香槟集市

在 12 世纪和 13 世纪，法国香槟地区 ① （Champagne region）地处欧洲的十字路口。香槟地区的四个城市轮流举办六次（两次在特鲁瓦城，两次在普罗文城，一次在拉尼城，一次在巴尔城）为期至少六周的集市，来自欧洲各地的商人聚集于此，交易来自意大利、西班牙和北欧等地的纺织品、皮革和香料等商品。商人们见面的原因很简单：在南欧常见且廉价的商品在北欧却是稀有且昂贵的，反之亦然。因此，虽然商运过程危险且艰辛，但是商人们仍然有利可图。在 18 世纪，最早的经济学家之一大卫·李嘉图 (David Ricardo) 基于中世纪英国羊毛与西班牙波特（port）酒之间的贸易，提出了著名的比较优势理论。

此外，交易存在风险，而且需要信任。由于害怕货币被盗，商人通常不会随身携带货币，因此账目在集市结束时进行结算。有时候，商人没钱预付货款，就会约定当场提货，但安排在未来的某个日期付款（通常是在随后的集市上），这种操作就像今天的企业所

---

① 香槟地区位于法国巴黎以东，兰斯市（Reims）周围，包括马恩省（Marne）、埃纳省（Aisne）和奥布省（Aube）的一部分区域。香槟地区是香槟酒的产地，根据法国法律只有香槟地区出产的香槟酒才能称为香槟酒，其他地区出产的同类酒只能称为"发泡葡萄酒"。——译者注

做的一样。更具体地说，商人会把刚刚获得的商品带回本国出售，然后在随后的集市上偿还债务。通常，这么做最大的风险是安排交付货物所需的时间。从达成协议到交换货物与货款，买卖双方有足够的违约空间。也许卖家找到了能够提供更优越条件的新买家。也许买家"遗失了"货款。也许卖家想用劣质商品替换原来的商品。

商人们之所以在香槟地区见面，部分原因是它处于许多贸易路线的中心位置，交通十分便利，但更重要的原因是这里存在促进信任的制度。在某种程度上，这些制度是政府制定的。香槟伯爵①（Comte de Champagne）巩固了足够的权力，从法国国王那里获得了一定程度的独立权（尽管该地区仍然是法国的一部分）。香槟伯爵承诺商人可以安全通过该地区，并设立法庭解决法律纠纷。

但保罗·罗伯特·米尔格罗姆及其同事认为，香槟地区的正式法律制度是不够的，因为它缺乏在该地区之外执行合同的权力。他们推断，私人法庭系统的出现解决了这个问题。法官的报酬由商人直接支付，而不是由任何政府（无论是香槟伯爵的政府还是法国国王的政府）资助。一旦裁定被认为是有必要的，法官就会通过将过错方列入黑名单的方式对其进行惩罚：黑名单被公开张贴，其他商家将不会再与名单上的商家进行交易。在惩罚期结束后或支付罚款之后，被列入黑名单的商人可以从黑名单上被撤销。时至今日，私

---

① 香槟伯爵（法语：Comte de Champagne，英语：earl of Champagne）法国中世纪的一个贵族封号，其势力范围大概在当今的香槟－阿登（Champagne-Ardenne）大区。——译者注

人仲裁仍然很常见，特别是在跨越国际边界的案件中。

因此，保罗·罗伯特·米尔格罗姆及其同事在关于香槟集市私人法庭的论文中表明了促进信任的私人制度是如何得以形成的，也就是不需要依靠国家权力来强制遵守，这个观点是具有里程碑式的意义的。正如他们使用数学化博弈论模型分析的那样，这样一种制度的运作需要人们严格遵守一些关键规范：

- 商人必须诚实地报告。
- 法官必须诚实地进行裁决。
- 其他商人必须愿意惩罚违规者。
- 受罚者必须愿意支付罚款。
- 商人必须愿意为法官的服务支付费用。

当一个社会达到这样一种状态，即有足够多的博弈者遵循相关的规范和规则，因而所有其他博弈者会发现自愿遵守这些规范和规则符合他们的最大利益，此时，这个社会就达到了纳什均衡（Nash Equilibrium）。纳什均衡的自愿服从特征是关键。如果我不遵守规则，警察会把我抓进监狱，那为什么我愿意遵守规则了就很容易得到理解。但是为什么我会在没有警察的情况下遵守规则并诚实行事呢？因为有法官的存在。但接下来的问题是，为什么法官会诚实地进行裁决？另外，还有其他商人会实施惩罚，但如果进行惩罚的代价太高，为什么商人要实施惩罚？为什么他们只惩罚应该受到惩罚的人？为了回答这些问题，保罗·罗伯特·米尔格罗姆等人构建了一个有关纳什均衡的数学证据。

因此，他们得出结论，法官之所以诚实地进行裁决并拒绝收受贿赂，是因为他们的名誉会因此受到影响，而且他们知道，如果今天被发现收受贿赂，他们将来就得不到报酬。商人之所以诚实地报告，是因为他们知道法官会诚实地惩罚不端行为，而且不会向贿赂低头。其他商人之所以愿意惩罚违规者，是因为如果他们不这样做，他们将被视为不诚实，并被列入黑名单。出于同样的原因，商人会向法官支付服务费用。被处罚者会缴纳罚款，因为这是恢复生计的唯一途径。

太多无形的力量在驱动着我们的行为；我们认为其中大多数力量是理所当然的，并且不会对它们多加考虑。今天，我们可能会出于惯例或对刑事起诉的恐惧而遵循规范和规则，但保罗·罗伯特·米尔格罗姆、道格拉斯·塞西尔·诺斯和巴里·罗伯特·温格斯特表明，我们可以构建一种行为制度，让每个人出于纯粹的、理性的自我利益而遵守规则。

信任的基础从个人关系变成了像香槟集市这样的制度，对此，需要注意的是，与这些交易相关的许多风险和易受伤害性都被降低了。虽然这对当时的参与者来说是好事，但对信任的发展却是坏事。当我们转向更加正式的政府制度时，这种紧张局势将会加剧。虽然稳定的制度有利于信任，但过于强大的制度可能会妨碍信任的建立。接下来我们将讨论信任和法律之间的这种紧张关系。

法 治

瓦里斯（Varys）的谜语：

> 一个房间里坐着三位贵人：一位国王、一位牧师和一位带着金子的富翁。在他们中间站着一名佣兵，这是个出身平凡、没有大智慧的小人物。每位贵人都命令佣兵杀死另外两位贵人。"动手吧，"国王说，"因为我是你合法的统治者"。"动手吧，"牧师说，"我以众神的名义命令你。""动手吧，"富翁说，"这些金子都将是你的。"告诉我，孰生孰死？
>
> ——《权力的游戏》（*Game of Thrones*）
>
> 乔治·雷蒙德·理查德·马丁（George Raymond Richard Martin）著

　　这个谜语是由狡猾的顾问瓦里斯转述的，他是马丁的奇幻系列小说《冰与火之歌》（*A Song of Ice and Fire*）中的人物。《冰与火之歌》后来被改编成了广受欢迎的电视连续剧《权力的游戏》。社会权力的本质是什么？为什么人们要服从国王、牧师或富商的命令？更广泛地说，为什么人们要遵守规则？更具体地说，当世界已经发生了如此巨大的变化时，为什么21世纪的美国人还要继续遵守一份于1789年签署的不完美的文件？

　　托马斯·霍布斯的一个著名的论点是：在人类的"自然状态"下，"生活是卑污、残忍和短寿的，"它是一场持续不断的

"所有人对所有人的战争"。虽然我们关于部落生活的集体神话有一部分来自让-雅克·卢梭（Jean-Jacques Rousseau）对"高贵野蛮人"（the noble savage）的田园式想象，但心理学家史帝芬·阿瑟·平克（Steven Arthur Pinker）记录了历史长河中的谋杀率，并认为我们的狩猎采集者祖先生活在更加暴力的时代。在这样的时代，谋杀现场要普遍得多。对史前遗址中人类遗骸的研究发现，平均 15% 的人是死于暴力的。通过对有记录的中世纪欧洲史进行研究，我们发现死亡率进一步下降，从 1300 年每 10 万人中有 100 人死于暴力，下降到现在的每 10 万人中有 1 人死于暴力。

在前现代时期，冲突往往是通过暴力解决的，这使合作变得脆弱，并使信任成为通过合作突破个人能力限制的关键。那么问题来了，我们为什么以及如何开始信任那些迫使我们服从政治领袖、宗教领袖甚至市场规则的抽象规则。

在前几节中，我们已经讨论了信任是如何在宗教和贸易中演变的。在我们的功能主义观点中，宗教创造了使更大规模的合作成为可能的信任，而更大规模的合作创造更强大、更繁荣的社会。宗教通过向信徒反复灌输社会规范和信仰来创造信任。这些宗教规范强制执行行为标准，原因是信徒们相信，如果他们不遵守规则，厄运就会降临；而如果他们遵守规则，他们就会得到奖励。这些规范在人群中得到加强并持续存在，原因是它们促进了更强大的社会的形成，而更强大的社会更有可能存续和发展。

此外，随着群体的发展以及市场范围扩大到国际水平，我们看到欧洲和其他地区的非正式法律体系是如何发展的。法官记录国际商人的名誉，而商人信任法官，因为法官也在乎自己的名誉。

因此，我们可以说，瓦里斯的谜语中的那名佣兵可能服从牧师的命令，原因是他受到的宗教规范的灌输；他也可能服从富商，原因是市场制度创造了激励因素，即使是富人也会因此信守承诺；但为什么佣兵有可能服从国王？是什么赋予了统治者政治权力？

博弈论为《权力的游戏》提出的这个问题提供了一个答案。

博弈论与法治

虽然上一节关注的是信任在早期经济中对贸易所起的促进作用，但信任只是博弈论学者试图理解的公共生活中的众多困境之一。其中最基本的困境是集体行动问题。政府有多种形式，扮演着多种角色，但经济学家最感兴趣的，是政府如何解决在组织个人为集体利益而行动时所涉及的集体行动问题。这些集体行动问题有两种类型：第一类是诱导人们合作以追求亲社会行为（Prosocial Behavior），比如齐心协力建设灌溉系统等公共工程或组织民兵进行共同防御。第二类是减少反社会行为（Antisocial Activity），比如防止暴力、盗窃、欺诈和（尽量减少）资源浪费。但这两类集体行动问题只是典型的囚徒困境。合作选择是做最有利于公共利益的事，但每名社会成员更愿意推卸责任，并把责任推给其他人。

另一个关于政府目的的观念至少可以追溯到托马斯·霍布斯，即政府是权力的集中者。在现代经济中，政府制定规则、征收税款并提供社会服务。对政府能够发挥这些能力而言至关重要的是，政府必须能够制定规则，并且这些规则会得到遵守。在大多数时候，我们并不会过多地考虑自己为什么会遵守规则。传统观点认为，我们之所以遵守规则，是因为如果我们不遵守规则，不良后果就会产生。如果不缴纳税款，我们就会被罚款。如果不缴纳罚款，我们的财产就会被没收。如果不交出自己的财产，我们就会坐牢。如果我们拒绝坐牢，我们就会面临遭受暴力的风险。

这种政府观念的核心以及所有规则的基础是基于这样一种想法：政府对合法使用暴力拥有垄断权。政府维持法律和秩序，禁止他人使用暴力（例如，谋杀和武装抢劫是不被允许的），并通过威胁机制执行规则。

托马斯·霍布斯认为，公民之所以忍受这种制度，是因为政府创造的世界秩序比没有政府的肮脏世界要好。人们遵守交易规则、缴纳税款、不使用暴力，原因是潜在的惩罚威胁；人们忍受威胁，原因是这比生活在无政府的社会要好。这是一种基于严格规则的刻板政府观，这种政府观不承认信任和人际关系的作用。

虽然乍一看这种社会观似乎是对现代生活的合理表述，但仔细推敲，这种观点就会瓦解。第一个会让我们停下来思考的证据是，社会秩序的维持依靠的不仅仅是对法律的恐惧。回想一下琼·E.恩斯明格等人对市场出现之前的部落所做的实验。他们的研究得出了两个关键结论：第一，在前现代经济中，人们不太可能在匿名经济博弈中合作；第二，在现代经济中，人们实际上很可能在匿名经济博弈中合作。

对上述结论最有力的反驳来自埃莉诺·奥斯特罗姆（Elinor Ostrom）的研究。埃莉诺·奥斯特罗姆是第一位获得诺贝尔经济学奖的女性，也是我们稍早之前用保罗·罗伯特·米尔格罗姆等人的模型介绍的新制度经济学浪潮的成员。该学派基于这样一种观点：如果想理解社会规则，你就不能只关注社会顶层（关注集权的领导人）你必须关注地方层面。规则的制定是分散的，它既来自官方法令，也来自随社会进化的行为规范。

埃莉诺·奥斯特罗姆概括了之前提出的观点，考察了不同人群（不仅仅是学术界通常研究的受过教育的现代西方人）如何解决集体行动问题，并确定了高效规范体系的八种特质：

- 清晰的定义。
- 适合当地情况。
- 广泛参与。
- 有效监测。
- 适当的制裁。
- 有效解决冲突。
- 自我决定。
- 嵌套的权威。

虽然没有理由相信每个社会都会有最高效的特质，但我们可以预期，由于进化的压力，更高效的系统更有可能生存下来。埃莉诺·奥斯特罗姆还认为，这八种特质中的每一种特质都基于信任和互惠。

埃莉诺·奥斯特罗姆的这一观点的核心贡献在于，稳定和法治不一定是自上而下的。我们不一定需要政府法令和独裁统治者来创造稳定。相反，合作、秩序和法治可以自下而上产生。通过利用建立在信任和互惠基础上的个人关系，人们可以建立规模越来越大和复杂程度越来越高的社会。

埃莉诺·奥斯特罗姆的观点是，我们不应该认为政府有高高在上的权力，它能够通过这种权力创造规则，并把秩序强加给下面的公民。社会是建立在公民的关系网之上的，政府这一上层建筑的建立是这些基本关系的反映。

信任与政府稳定性

在信任和政府之间，一个更为根本的问题是，我们在多大程度上信任制度本身（以及保持制度的完整性需要多少信任）。

托马斯·霍布斯最初的政府观认为，人们之所以容忍君主的统治（哪怕君主的统治有时是专制和残酷的），是因为君主维持了秩序：被这样的君主统治总好过没有这位君主时的混乱。政治学家兰德尔·卡尔弗特（Randall Calvert）用博弈论将这一观点正式化，表明在一个群体中，如果人们可能不断遭到邻居的欺骗（即因徒困境），那么他们的最佳方案是选择（任意）一个人作为拥有争端裁决权的统治者，即使这位统治者可能会利用这种权力为自己谋利。

然而，只要粗略地回顾一下历史，我们就会发现，统治者和人民之间的这种默契时不时就会瓦解（通常是以暴力革命的形式）。该领域的几位主要理论学家认为，包括达龙·阿西莫格鲁（Daron Acemoglu）、詹姆斯·阿兰·罗宾逊（James Alan Robinson）和西蒙·H. 约翰逊（Simon H. Johnson），政府倒台的主要原因是不平等。他们在纵观世界各地的革命历史后认为，当精英们让不平等的鸿沟变得过大时，动荡就会出现，从而革命爆发，最终政府倒台。

与新制度经济学一样，达龙·阿西莫格鲁、詹姆斯·阿兰·罗宾逊和西蒙·H. 约翰逊不仅关注不平等的宏观经济指标，还关注社会治理规则的博弈论基础，特别是这些规则如何具有榨取性（即有利于富人）或包容性。虽然信任并不是他们的理论的直接组成部分，但包容性规则可能会促进信任，即看一看数据我们就知道，不平等和信任是密切相连的。达龙·阿西莫格鲁和詹姆斯·阿兰·罗宾逊在他们的书中指出，决定一个国家成功的部分原因是人民"信任各种制度以及这些制度下的法治，并且不担心自己的财产安全"。他们接着比较了墨西哥和美国之间的调查结果的差异，并指出，"在调查中，美国人比墨西哥人表现得更加信任他人。"但当墨西哥政府无法消灭贩毒集团或制定一套正常运转的公正法律体系时，墨西哥人对他人缺乏信任也就不足为奇了。

达龙·阿西莫格鲁、詹姆斯·阿兰·罗宾逊和西蒙·H.约翰逊提出了两个关键观点。第一，国家财富背后的驱动因素是强大的制度。富裕的国家的国民更可能表现出高度的信任，但这种信任源自拥有促进经济增长和社会稳定的政府和规则。第二，社会动荡的原因是不平等。工人阶级会容忍统治精英，前提是这种容忍的好处超过革命的代价。

达龙·阿西莫格鲁、詹姆斯·阿兰·罗宾逊和西蒙·H.约翰逊在制度研究方面最重要的见解之一是，他们发现推动经济发展的机制确实是强大的制度。经济学家在做因果陈述时非常谨慎。虽然没有人质疑经济效益更好的国家同样拥有更好的制度，但不明确的一点是，究竟是更好的经济效益引致了制度的发展，还是更好的制度促进了经济增长。他们仔细的实证研究表明：在欧洲殖民时代，拥有有利于欧洲人建立包容性制度的自然环境的国家，在几个世纪之后，其经济增长仍然优于在欧洲殖民时期被建立了榨取性制度的国家。这一发现也使他们得出结论：对更稳定的政府的更高水平的信任来自更好的制度和更强的法治。

他们的研究还表明，不受遏制的不平等导致了法治的瓦解。达龙·阿西莫格鲁和詹姆斯·阿兰·罗宾逊的论点基于这样的想法：工人阶级之所以容忍精英阶层，是因为他们相信革命的隐性威胁会促使精英阶层继续支持社会财富的分配。我们可以说，工人和精英之间存在着一种隐性契约。工人相信，精英阶层会照顾自己的利益，以换取工人阶级对统治阶级继续掌权的允许。

　　当国家制定一部宪法时，将社会联结在一起的隐性契约就会显现出来。美国最高法院的确认听证会往往会引出一系列标准的辩论和关注；其中之一就是宪法解释问题。《美国宪法》（*The Constitution of the United States*）的原旨主义①（Originalism）解释认为，今天的法律必须遵循 200 多年前宪法起草者的最初意图。我一直觉得这很奇怪。为什么我们要用一份 200 多年前的文件来裁决今天出现的与互联网、网络犯罪、DNA 测序或同性婚姻相关的问题？我们这些经济学家都痴迷于优化：政策制定者应该做出可能的最佳选择，即最大限度改善人类福祉的选择。很难想象两个世纪前做出的选择对今天的问题和人们来说会是最理想的选择。

　　重复博弈理论（Theory of Repeated Games）为解释原旨主义为什么可能有道理以及这一争论为什么如此重要提供了一种不同的见解。重复博弈理论认为，《美国宪法》是一个协调工具，它的作用是减少冲突。200 多年前的人选择了什么样的规则几乎是不重要的，重要的是我们有一套一致同意的规则。

　　一个流传甚广但不足为凭的心理学实验有助于说明上述观点：

　　　　一组科学家把五只猴子放在一个笼子里。笼子中央有一架高高的梯子，梯子顶端放着一串成熟的香蕉。每当一只猴

---

① 原旨主义是认为美国的宪法应该按照那些编写它和采纳它的人们的意图来进行解释和说明的一种观念。——译者注

子开始爬梯子，科学家们就用冷水浇其他猴子。一段时间之后，每当一只猴子开始爬梯子，其他猴子就会抓住它痛打一顿。很快，没有一只猴子敢于爬上梯子，不管受到多大的诱惑。随后，科学家们将其中一只猴子移出笼子，并用一只新猴子取而代之。这只新猴子一看到香蕉，就试图爬上梯子。其他猴子立刻将它揍了一顿。经过几次殴打，群体中的这名新成员学会了不爬梯子，尽管它从未真正得知为什么爬梯子是"被禁止的"。科学家们又用第二只新猴子代替了原来五只猴子中的一只，结果是一样的，第一只用于替代的猴子参与了殴打。这一过程在第三只新猴子身上重复，然后是第四只新猴子，最后是第五只新猴子，每次相同的结果都会出现。最后，笼子里关着五只从未被冷水浇过的猴子，但它们会殴打任何一只试图爬上梯子的猴子。

这个实验的基本观点是我们都会遵守规则。我们之所以会遵守规则，是因为如果我们不这么做，我们就会遭到他人的惩罚。有时候，我们会为了执行这些规则而对人们进行惩罚，哪怕我们不明白为什么，哪怕这些规则不符合任何逻辑。但我们这样做的原因是，没有规则来维持秩序和合作，生活将是"一场所有人对所有人的战争"，在这种情况下，生活将是"卑污、残忍和短寿的"。

《美国宪法》的这种原旨主义观点有点奇怪：在任何其他情况下，执着于保留一份几乎有两个半世纪历史的文件所制定的规则都是不寻常的做法。然而，这种保护主义的本能可以通过兰德尔·卡尔弗特、达龙·阿西莫格鲁、詹姆斯·阿兰·罗宾逊和托马斯·霍布斯的模型加以理解。在每一种情况下，社会都决定追随一位特定的统治者。人们本可以有很多其他选择，因为现在的统治者不一定是最好的。但是，国家在不同政权之间过渡时会出现混乱，正是这种混乱的威胁让工人阶级愿意服从当前的统治者。

我们可以认为《美国宪法》承担着统治政权的角色。正如统治者的候选人有很多，宪法也同样可能有很多版本。其他国家经常修改自己的宪法。在美国，对宪法的信任在维持秩序方面起着至关重要的作用。违宪的政府政策可能有价值，但这种价值必须与对宪法的信任瓦解后可能发生的混乱风险相权衡。

在我与周欣悦（Xinyue Zhou）、斯蒂芬·迈尔（Stephan Meier）和谢雯雯（Wenwen Xie）的研究中，我们进行的实验证实了人们不喜欢不平等，但他们提高平等水平的愿望被他们维持秩序的愿望所缓和。

在许多实验室实验中，有充分的证据表明：人们希望降低不平等水平。在我们的实验中，学生们被告知，实验中还有另外两名参与者。其中一名参与者将获得4美元报酬，另一名参与者将获得1美元报酬，他们得到这笔报酬仅仅是靠运气。之后，学生们有机会将钱从运气较好的参与者手中转到运气较差的参与者手中。我们发现，转移的金额较小（比如1美元）时，大多数学生都同意转移。然而，当转移的金额稍大（比如2美元）时，大多数学生都拒绝转移。值得注意的是，在这两种转移中，两名参与者之间最终的收入差距将是 1 美元：一名参与者将拥有 3 美元，另一名将拥有 2 美元。区别在于，当转移的金额为 2 美元时，两名参与者的"穷""富"身份将会发生逆转。

我们认为，这种行为的驱动力是人们有两种相互冲突的愿望：既要减少不平等，又要维持秩序。在动物王国中，同一群体中的动物通常会通过某种仪式化的争斗建立一种啄食秩序（不管这些动物是不是啄食动物）。这种啄食秩序一旦建立，这些动物就会执行这一秩序，并阻止其他动物挑战这一秩序。这么做的原因是，对既定秩序的不断挑战会削弱整个群体抵抗外来者的能力。我们认为人类社会也是如此。我们赞成减少不平等的政策，前提是减少这些政策不会从根本上破坏现有秩序。我们都隐约知道，对秩序的严重挑战将导致一段对所有人都不利的混乱时期。

我们认为这一结果证明，人们通常更喜欢平等，但当创造这种平等将会颠覆现有秩序时，人们就会犹豫。同时，我们发现这是世界范围内的普遍现象。例如，柏拉图指出："这三个等级[①]之间的干涉和交换是城市所能遭受的最大伤害，也可以说是人们能给城市带去的最严重罪恶。"孔子则写道："君君，臣臣，父

---

① 柏拉图在《理想国》（Republic）一书中将人按照不同的职业分为三个等级。第一等级：哲学家、王者、执政者；第二等级：武士、军人；第三等级：农民、商人、手工艺人等物质需要的供应者。——译者注

父，子子。"这种效应在美国、中国、印度和澳大利亚等国都十分明显。我们还发现，儿童在七八岁时对等级的尊重就开始超过他们对稳定的尊重。人们似乎普遍赞同不平等是不好的，但不稳定可能会更糟。维持对系统的信任有时是第一要务。本章首先关注了个人层面，讲述人类信任史是如何从一对一关系开始的，之后展示了人类如何开始建立制度，比如市场、宗教和政府，从而使我们能够广泛地相互信任。在本节开头，我们提出了这样一个问题：如果佣兵拥有生杀大权，为什么他要听从国王、牧师或商人的命令？原因是，在一个由佣兵统治的世界里，生活将是"卑污、残忍和短寿的"。因此，我们遵循国王、教会领袖和商人传下来的规则，因为此举创造了文明赖以建立的稳定和信任。在当今的世界，我们已经对这些规则习以为常，就像面对梯子的猴子一样，我们已经忘记了自己为什么要遵循这些规则。不过，正如我们将在下一章看到，信任仍然深深交织在现代经济制度之中。这些制度既依赖信任，又意在维持信任。

第三章

现代经济中的信任

TRUST

　　在第二章，我们讲述了人类文明史中人类如何学会彼此信任的故事。这个故事的一部分可以从我们的生物学特征中看到：进化给了动物合作的工具，我们也遗传了相同的信任遗传倾向，至少我们信任自己的直系亲属和周围的人。随着时间的推移，制度的发展扩大了我们的信任圈。宗教给了我们理由以值得信任的方式行事，同时给了我们方法记录谁可能值得信任。市场发展出有同样作用的规则。亚当·斯密指出，即使在个人主义的自由市场经济中，市场也能够神奇地协调劳动分工：如前所述，在一家大头针制造工厂，每名针匠专门从事一道工序，可以生产的大头针数量远超这些针匠单独工作生产的大头针数量。这些规则由政府正式确立，并扩展到我们日常生活的方方面面。政府，尤其是民主政府，依赖法治，而法治的运行同样依赖信任。制度的每一次发展都使我们的信任圈得以扩大，但制度的每一次发展也使我们的信任对象和信任方式更加客观。我想我们中的许多人都会将这一特点归因于现代市场经济。现在我们就把注意力转向现代市场经济。

　　本章深入探讨了大多数人认知中的经济学话题。我们将首先关注信任在货币、银行业和合同中的作用；之后将关注信任在工作场所和广告中的作用。最后，我们将通过研究信任在共享经济和区块链中的作用探讨信任在线上经济中的作用。

尽管我们注意到，肯尼斯·约瑟夫·阿罗和阿马蒂亚·森（Amartya Sen）等一些最重要的经济学家早就讨论过信任的重要性，但无论是在经济学课程中还是在流行文化中，信任在现代经济中扮演的角色往往没得到承认。信任被认为是理所当然的，尽管它至关重要。在本章中，我们希望揭示信任在我们与市场经济的日常互动中起的作用，以及市场经济制度是如何旨在促进信任的。

货　币

自 1956 年以来，美国法律就要求所有美国货币上必须印有"我们信任上帝"的字样，尽管该短语自 1864 年以来就经常出现在美国的硬币和纸币上。促进信任的目的推动了有关美国货币设计的许多决定。我们可以从被编织进或印制在纸币上的防伪特征中看到人们对信任的关注：这些防伪特征包括微缩印刷的文字、在特殊光线下显现的隐形图案，以及埋在纸张内部的安全线。但更具象征意义的是，我们可以从美国货币几个世纪以来一直保持有效性的事实中看到信任在起作用。不像其他货币经常退出流通或被更换，美国货币永远是法定货币，至少美国政府是这样承诺的。对这一承诺的信任是货币在经济中发挥作用的必要条件，也是美元成为世界上最受信任的货币的原因之一。

何为货币

每一次关于货币历史的经济学讨论都免不了提到密克罗尼西

亚（Micronesia）雅浦岛（Yap Island）岛民使用的石币。这些硬币大小不一，直径从 1 英寸左右到 12 英尺或 13 英尺不等，直到 20 世纪初，它们一直是雅浦岛使用的货币。经济学家关于货币的讨论之所以总是从这些硬币开始，部分原因在于，正如约翰·梅纳德·凯恩斯（John Maynard Keynes）所说，雅浦岛岛民"对货币的看法可能比任何国家对货币的看法都更加具有真正的哲学性"。

这些硬币的使用方式和其他货币一样。尺寸最大的硬币制作费时，因此大多用于大宗交易。和黄金一样，这些硬币的价值部分源自它们的稀缺性。人们可以将一枚硬币作为嫁妆或赎金，但也可以将其用于更普通的交易，比如交换食物。

为了便于运输，这些石币被制作得像轮子一样，可以作为商品和服务的报酬从一个小屋滚到另一个小屋。然而，最大的石币仍然相当笨重。随着时间的推移，人们习惯于通过口头传达石币的所有权已经易手（而石币依然留在原地）来转移石币的所有权。石币的物理位置并不重要，重要的是群体对谁是石币的主人达成集体一致。事实上，据说有一次，一枚石币在被用船运往另一个岛屿时掉下船，沉入了海底。然而，通过口述历史保持所有权的传统十分强大，以至于石币的物理位置仍然无关紧要。那枚永远丢失在水下的石币依然像往常那样用于交易，岛民用它来买卖物品，在雅浦岛社会建立的惯常所有权规则下，沉没的硬币仍然被认可为货币。

为什么经济学家如此喜欢这个故事？因为它告诉了我们很多关于货币起作用的方式。

　　大多数经济学家（至少是大多数微观经济学家）不会过多地考虑货币问题，这一点可能会让很多人感到惊讶。经济学家有时会区分"实体经济"和"货币经济"。我们的实体经济模型是关于劳动力和资本、需求和供给等更有形的东西，而不是分类账上的数字。货币是衡量这些东西的一个有用尺度，但正如大多数物理学家不会花太多时间考虑英寸或公斤那样，大多数经济学家也不会过多考虑货币。

　　然而，这并不是说货币经济学（Monetary Economics）不重要或不有趣。有时候，货币经济中发生的事情最终会影响实体经济。但更根本的是，当你问"什么是货币？"这个看似简单的问题时，你就迅速掉入了一个无底洞。原因在于，这个问题的部分答案是，货币是一种幻觉，货币是一种唯我论，货币是信仰行为。

　　回想一下第二章中关于狩猎采集者礼物经济的那一节。在礼物经济中，商品和服务的交换以人情为中介。而在市场经济中，商品和服务的交换以货币为中介。货币实际上只是一种会计机制，其作用是记录谁欠了谁的人情。假设艾米上周捕到了一只瞪羚，并把多余的肉分给了鲍勃。现在鲍勃欠了艾米一个人情。假设卡尔这周有多余的浆果，艾米想要一些。艾米可以把鲍勃欠她的人情转给卡尔以换取浆果。要记录艾米、鲍勃和卡尔之间的人情已经让人很困惑了。想象一下，在一个有几十人的部落中记录所有人情该有多复杂。

　　如果鲍勃能用现金购买艾米多余的肉，事情就简单多了。这样一来，艾米就可以用这些现金从卡尔手中购买浆果。现金记录了人情。现金同时还去除了人情制度中的排他主义。只要这里的货币被普遍接受，艾米就可以在任何地方使用现金。她不必担心卡尔是不是不喜欢她，也不必担心卡尔是不是只和他的家人或与他有相同宗教信仰的人分享浆果。这意味着我们可以和任何接受这种货币的人进行交易，而不是只能和我们信任的人进行交易。信任的对象从与你交易的另一方变成了货币。就像雅浦岛上那些巨大的石头被用来记录人情一样，我们今天使用的货币基本上也起着同样的作用。

经济学家认为，要使货币发挥作用，它应该具备六种属性：

- 耐久性：我们不能使用变质得太快的材料制造货币。
- 便携性：货币应该易于转移。
- 可分割性：基本的货币单位应该可以再分割。
- 统一性：每个货币单位都应该相同。
- 有限供应：货币必须是稀缺的。
- 可接受性：货币应该被群体里的其他人广泛接受。

长久以来，我们认为货币是以金银币等贵金属的形式存在的，但也有许多其他东西被用作货币，并不是所有货币体系都具有上述六种属性。雅浦岛上的石头货币大得惊人，因此该货币未能通过便携性这一考验。从中世纪中期到中世纪后期，在非洲和亚洲之间的地区，来自宝贝 ① （cowry 或 cowrie）海螺的稀有贝壳

_____

① 宝贝，一种腹足动物，壳光滑油亮，生长于暖海中。——译者注

被用作货币。在更早的时代，盐被用作货币（"salary"一词来自拉丁语"salarius"，意为"盐"）。在监狱中，人们过去常常将烟草作为货币，但随着禁烟规定的普及，烟草的地位被沙丁鱼罐头取代。烟草和沙丁鱼罐头都具有统一性，能够储存。在监狱外，它们无法通过稀缺性这一考验，但在监狱内，对允许进入监狱的物品的严格控制使得两者成了像黄金和白银一样的稀缺商品。

然而，来自雅浦岛的最有趣的启示不仅是货币可以表现为几乎任何形式，还在于货币根本不需要表现为任何形式。当那枚巨大的石币掉到海底再也找不回来的时候，正是那枚石币的概念承载了它的价值。雅浦岛的岛民知道，他们可以拥有一枚硬币，即使他们并未实际拥有这枚硬币，即使它位于海底。几个世纪以来，同样的想法一直在世界各地发挥着作用。许多人用纸条代表对金条的所有权，而这些金条存放在某地的金库，永远不会被自己的"主人"看到。如果你永远见不到硬币，那么你也许根本就不需要硬币，当你意识到这一点时，革命性的想法就出现了。

货币的历史

货币不一定要代表石币或金条等实物，而是可以仅仅代表信任，正如"对美国财政部的完全信任和信用"，这一想法是一个发生在1971年的巨大概念飞跃，当时美国已经脱离金本位制，但金本位制在几个世纪前就开始了。人们使用可转让的票据来表示对黄金和白银等实物资产的所有权，这一做法的历史可以追溯到一千年前。

中世纪的商人对强盗十分警惕，自然不愿在开阔的道路上携带大量金银，于是，银行作为储存和转移贵重金属的场所开始出现。例如，银行会发行一份票据，它表明一定数量黄金的所有权，商人可以携带和转移该票据，而不是黄金本身。就像海底的那枚石币一样，需要转移的只是黄金本身的所有权。这种做法始于中世纪往返于西欧和耶路撒冷（Jerusalem）的圣殿骑士团（Knights Templar）以及十字军（crusader）和朝圣者。路途遥远，危机四伏。不携带黄金出行让旅途更加安全。

虽然我们认为货币是由政府发行的，但在整个中世纪，在欧洲确保货币安全的主要机构是教会，后来是私人银行。时至今日，在中国香港流通的货币仍是由汇丰银行（HSBC）等私人银行发行的。然而，在大多数国家，民族国家的崛起伴随着货币的国有化，国家因此控制了货币供应。

政府有意控制货币，因为印制货币的能力具有巨大的价值。政府可以印制货币来为战争融资，也可以印制额外的货币来制造通货膨胀，通货膨胀将使政府更容易偿还自身债务。当然，货币印制是受到限制的。直到 20 世纪，政府印制的纸币都应该以黄金或白银作为支撑。就像雅浦岛的岛民使用丢失在海底的巨大石币进行交易，或者基督教朝圣者使用票据代表存放在十字军庙宇中的黄金，纸币的作用是代表保管在某处金库中的贵金属。

然而，像世界各地的银行一样，各国政府很快就意识到，当经济形势稳定时，大多数人都会满足于手中的纸币，而不会费心要求得到黄金。因此，政府可以自由地印制比金库里的黄金更多的纸币。政府只需在金库里存放足够满足人们兑换要求的数量的黄金。如果一家银行预期绝不会有超过 10% 的储户前来索要他们的黄金，那么保持 10% 的准备金将允许每 1 美元的黄金创造 10 美元的纸币。实际上，政府可以将金库中每根金条的认领权赋予十个不同的人。只要这些人中前来兑换黄金的人不超过 10%，政府就可以为自己手中的每根实际金条创造 9 根虚拟金条。

只要人们信任政府的稳定性，信任政府将纸币转换成黄金的能力，政府就能印制远超自身实际拥有的黄金的纸币。当然，如果这种信任发生动摇，货币就会因为人们争先恐后将纸币换成黄金而失去价值，经济也将随之崩溃。最先（在 11 世纪）使用准备金的可能是中国人，但在随后的几个世纪，这种做法变得十分普遍。

即使是用金属而非纸张制成的货币，其价值也可以被政府操纵。经常玩电脑游戏的人都很熟悉奇幻游戏中的金币和银币之间的汇率：按照长期以来的惯例，主要是为了简单起见，在电子游戏中，1 枚金币可以兑换 10 枚银币。

任何两种商品的相对价格都应由供求关系决定，因此固定黄金和白银之间的汇率并不现实。然而，相对固定的汇率很实用，这样一来，当顾客想用黄金或白银支付时，商人就可以知道如何设定商品价格。在 16 世纪到 19 世纪的英国，这项工作落到了铸币厂厂长（有点像今天的中央银行行长）的头上。担任这一职位的最著名人物也许就是艾萨克·牛顿，也就是那个同时创立微积分和现代物理学的牛顿。通过制定黄金和白银之间的不同汇率，铸币厂可以调节流通中的黄金和白银的相对数量，这将有效地控制通货膨胀率并调节货币供应。

威廉·詹宁斯·布赖恩（William Jennings Bryan）是最著名的落败美国总统候选人之一，他最著名的演讲是关于"黄金十字架"的。他在 1896 年的民主党全国代表大会上发表了这篇演讲，主张在货币体系中增加白银的使用，以此提高通货膨胀水平；他认为，此举将帮助农民摆脱债务。

货币国有化的原因在于，谁控制了一个国家的货币，谁就将获得巨大的利益。货币国有化使得政府可以在需要时印制货币，同时通过调节黄金和白银的流通数量来控制通货膨胀率。然而，将货币国有化的政府还有另一项功能，那就是打击货币自由市场中出现的货币贬值和伪造现象。

如今，"贬值"一词多指因举止不道德而证明自己不值得信任的人，但其原意是指减少钱币中金银含量的行为。假设你想购买一本经济学书，这本书的价格为 1 盎司（约 31.1 克）黄金。假设你有一枚 1 盎司的金币可以用来购买这本书。你可以瞒着书商将金币的边缘刮掉，这样你就能扩大钱的价值。如果你从金币边沿刮下足够多的黄金，你就可以把这些碎屑熔成新的金币。这样一来金币就会贬值，因为它不再足重一盎司。

我们今天看到了货币贬值的后遗症，即 25 美分硬币的边缘仍然有脊线，因为在金银币上添加脊线是防止刮削的一种方法。如果脊线被刮掉，欺诈行为很快就会被发现。

当然，精明的商人知道将刮削硬币的行为，他们会对收到的硬币进行称重。然而，还有其他方法可以打败天平：人们可以将黄金与其他物质混合。黄金（或其他珍贵矿物）的纯度是指这些物质中黄金（或其他珍贵矿物）的含量。纯金被称为"24K"金，但如果黄金与其他贱金属混合后的纯度只有75%，就是18K金。在早期卡通片《兔八哥》里和奥运会领奖台上，你仍然可以看到咬金币（或奖牌）的场面。这是因为真金很软，咬一口会留下印记。

通过观察很难判断一枚金币是纯金的还是已经贬值了的，像咬痕测试这样的方法效果有限。因此铸币厂开始在硬币上印上官方印章作为硬币真实性的保证。

信任增加了货币的价值，因为信任使买卖更加容易。在没有真实性保证的情况下，使用一枚硬币需要经过仔细地检查，并承担伪造行为带来的风险和不确定性。硬币的价值主要取决于其中的贵金属含量，在牛顿的时代，在一次交易中使用从伦敦到罗马帝国等不同地点铸造的硬币是很正常的。商人必须了解不同的金属成色、重量和标记，成色、重量和标记都会赋予硬币不同的价值。纸币的情况更糟。例如，在殖民地时代的美国，纸币由多个州和不同的银行发行。除了避免假币，商人还必须确定在多大程度上信任每家货币发行银行的名誉。在殖民地时代，酒保在结算你的账单时，必须查阅一本给出不同纸币相对价值的书，而且随着货币发行者的名誉发生变化，该书必须得到更新。

民族国家在制造货币时具有一项优势，因为货币的价值取决于发行机构的可信度。国家的运作规模比银行或个别地区更大，它有能力通过征税来偿还债务，还可以要求纳税者使用印制的货币缴纳税金；这些因素增加了民族国家在货币问题上的可信度。

国家拥有多种动机提高本国货币的可信度。一种货币越值得信任，它的价值就越高，这反过来赋予了国家更强的购买力。任命艾萨克·牛顿这样的杰出科学家担任铸币厂负责人是提高英国货币可信度的一个策略。使伪造货币成为人人喊打的犯罪行为则是提高货币可信度的另一个策略。美国在南北战争结束后成立了特勤局，该组织负责监督货币伪造行为，这一职责远早于特勤局（更广为人知的）保护总统的职责。

法定货币

在历史上的大部分时间里，纸币只是一种占位符，通常代表锁在某处金库里的黄金或白银。直到1971年，理查德·米尔豪斯·尼克松（Richard Milhous Nixon）总统治下的美国才废除了金本位制，而在此之前，金本位制以实物黄金支持着所有美元。世界上许多国家纷纷效仿，转向了一种新的货币体系，在这一体系中，世界上的主要货币仅由这些货币发行国的文字（即法令）作为支撑。

法令是一种公告、一种声明、一种任意的命令。根据法令，1971年流通的货币突然之间变成了纸片，在此之前一直可以兑换成黄金。

我们认为法定货币具有价值，仔细想想，这种看法并没有那么疯狂。我们赋予黄金的价值，主要不是因为黄金的化学属性，甚至不是因为它的美学属性。我们赋予黄金价值，主要原因是黄金的稀缺性。约几个游泳池就足以装下有史以来开采出的所有黄金。如果我们发现了神奇的炼金术，借此将铁化成黄金，那么黄金就会突然失去其作为货币的功能。如果我们能够确保纸张的稀缺性，一张纸就可以像一枚金币一样发挥作用。这需要人们相信政府不会一次印制太多货币。

想象一下，你发现了一盏可以实现金钱愿望的神灯。在任何时候，你都可以使用这盏灯许愿，希望得到一百万美元、十亿美元、一万亿美元，无论你想要多少钱都可以。政府就有一盏这样的灯，而且经常利用这盏灯。政府通过印制货币赚取的钱被称为铸币税[①]（seigniorage），每年的铸币税高达数百亿美元。

然而，政府可以随心所欲地印制货币（现如今，印制货币只需要一台计算机终端来更改数据库中的一些数字，甚至不需要纸张）并不意味着这样做是有益的。纸币的价值源自它的有用性（对货币的需求）和稀缺性（货币供应）。随着货币供应量的增加，货币的价值将会下降。

政府每年为了跟上经济增长的步伐都需要印制更多的货币。随着经济的增长，更多的商品被买卖，这意味着对货币的需求在上升。因此，我们需要更多的流通货币来满足需求。政府直接从印制货币所得的数百亿美元中获益，并间接从保持经济稳定中获益。流通中的美元过少将使商品买卖更加困难，并使经济发展放缓。另外，过多的美元意味着货币供应的增长速度快于需求，这

[①]　铸币税是指货币铸造成本低于货币面值而产生的差额。由于通常只有政府才享有铸币权，因此铸币税是一种特殊的税收收入，是一个重要的政府收入来源。——译者注

将导致货币贬值，我们把这称为通货膨胀。

央行总是试图在经济中寻找货币数量的平衡点，但是由于模式和措施的不完善，这很难成功。央行确实会犯错，本·沙洛姆·伯南克（Ben Shalom Bernanke）曾在研究中向我们展示了过度紧缩的货币政策是如何导致"大萧条"的，这使他首次以学者身份为人所知。央行有时候也会故意印制过多货币，这样做的诱惑是巨大的，而我们必须相信央行会负责任。

货币政策的规模巨大，这常常给人以抽象的感觉，但是货币的根源相当简单，也相当人性化。

为了让法定货币看起来更有形，除了雅浦岛上的巨大石头硬币之外，经济学家喜欢谈论的另一个例子是由保罗·克鲁格曼（Paul Krugman）推广的国会山保姆合作社。20世纪50年代，华盛顿特区的一群父母会轮流照看彼此的孩子。就像前现代的狩猎采集者会轮流分享狩猎所得的肉一样，照看孩子这一制度基于我们都熟悉的非正式的人情交换。我帮你照看孩子，所以现在你"欠我一个人情"，将来会帮我照看孩子。这种非正式的人情制度可能是不公平的，因为一些家庭照看孩子的次数多于其他家庭。因此，这群华盛顿特区的家庭决定成立一个合作社，将这个人情制度正规化。他们将用兑换券记录谁帮谁照看孩子。如果我帮你照看孩子一小时，你会向我支付一张一小时的兑换券，我可以用它来支付给别人。为了启动这一制度，他们在所有成员加入时给了每对夫妇20小时的免费兑换券。

一个问题很快就出现了。人们把兑换券存起来以备不时之需，而不是花掉。结果，流通的兑换券不足，当有家庭想要替别人照看孩子时，没人愿意支付手中宝贵的兑换券，因为制度中的兑换券太少了。为了解决这个问题，管理员开始发放更多的免费兑换券。此举很快引发了相反的问题：现在流通的兑换券太多了，想要购买儿童看护服务的人找不到需要更多兑换券的人。保持供需平衡正是央行行长最重要的工作职责。

该合作社还有另一个特点。管理这个项目、记录兑换券，以及匹配看护者和被看护者，这些都需要付出劳动。因此，合作社的所有成员必须每年支付 14 小时的兑换券给管理员作为报酬。这样一来，无良的管理员会要求更多的报酬，以增加他们得到的兑换券的数量；或者将流通中的兑换券数量保持在较低水平，这样他们持有的兑换券就会更有价值。幸运的是，该合作社的管理员确实值得信任。但各国政府却并非总是如此。

2019 年，委内瑞拉（Venezuela）的通货膨胀率超过2000000%。购物所需的现金数量需要将货币堆叠起来，人们根据货币的重量进行购物。这让人想起了 20 世纪 20 年代魏玛德国（Weimar Germany）的通货膨胀率，当时，人们用手推车运钱。政府试图印制更高面额的纸币来缓解形势，但随着更多更高面额的纸币被印制出来，纸币贬值得更加严重。流通中的纸币曾一度高达 100 万亿马克。实际上，这种恶性通货膨胀的发生频率高得惊人，仅举几个例子：在 2008 年的津巴布韦（Zimbabwe）、1994年的南斯拉夫（Yugoslavia）都有数十亿甚至数万亿纸币在流通。

信任货币制造者

在本书前面的部分，我们讨论了我们是如何开始信任法治的。稍后，我们将讨论我们如何信任负责人。在大多数现代民主国家，人们已经认定，我们不能相信掌权者能控制货币的供应。事实上，这一说法的一个更好版本是，如果民选官员不直接控制货币供应，那么包括掌权者在内的所有人都会过得更好。

我们将讨论一个民主国家如何在选民、民选官员和非民选的法官或官僚之间分配决策权。法官、官僚和央行行长在很大程度上被赋予了自由决策的权利，对他们的问责十分宽松。就货币而言，这背后的原因是，统治者和选民都不应该拥有过多权力。选民会忍不住印制更多货币来制造通货膨胀，以减少自己的债务，支付社会服务和政府开支的费用。统治者会忍不住印制更多货币来迎合选民并巩固自己的权力。当统治者或选民在货币供应问题上拥有过多权力时，恶性通货膨胀更容易发生，人们对货币供应的信任度就会下降。

因此，美联储委员和其他国家的类似官员被赋予了很大的独立性。在美国，美联储委员的一届任期为 14 年，超过了任何一位总统的任期，而且委员基本上不会受到政治干预。这种权力分立有着深刻的历史根源。

真正的法定货币主要确立于 20 世纪，但法定货币与金本位制在功能上并非完全不同。历史学家往往将纸币在 11 世纪的问世归功于中国人。中国人发行了在理论上可以兑换成黄金和白银的票据，但这种兑换在实践中通常得不到政府的认可。这种票据

保留了一定的价值，因为它可以用来纳税，但由于人们普遍认为
发行票据的政府不值得信任，因此这种货币很快就失宠了。

然而，如前所述，统治者可以从按需求（特别是为了发动战
争）制造货币的能力中获益，而公民也可以从流动性更强的货币
供应中获益。然而，统治者受到了不信任的约束。人们知道印制
过多货币的诱惑太大了。

统治者在借钱时也面临一个类似的问题。政府发行债券向公
民借钱。这种做法在战争年代尤为常见。

发行债券看起来可能与印制货币不同，但实际上它们极其相
似。债券是向政府提供的贷款。事实上，当我们今天谈论美联储
"印制货币"时，他们经常是使用美国国债印制货币。但当涉及
货币印制时，就像公民必须相信政府会偿还债券债务一样，他们
也必须信任政府不会为了偿还债券债务而印制过多货币。因此，
当涉及债券时，公民必须信任政府能在自身不破产的情况下连本
带利地偿还贷款。

经济学家道格拉斯·塞西尔·诺斯和巴里·罗伯特·温格斯
特还以政治学家希尔顿·L.鲁特（Hilton L. Root）的想法为基础
发展了数学理论。这个想法就是"绑住国王的手"①，这是法国和

---

① 出自希尔顿·L.鲁特于 1989 年 10 月 1 日发表的研究论文《绑住国王
的手：可信的承诺和旧政权时期的皇家财政政策》（*Tying the King's
Hands: Credible Commitments and Royal Fiscal Policy during the Old
Regime*）。——译者注

英国在 17 世纪采取的做法。在这一时期，人们认为国王拥有绝对权力，但限制国王权力的制度仍然存在。

　　制度在征税权和货币操纵权下放的地方得以发展。在法国，所谓的"包税人"被赋予了征税和持有主权债务的权力；而在英国，议会保持着罢免国王或女王的权力，这会促使他或她按规矩行事。虽然人们可以把这些发展看作是对最高权力的限制，但这些历史学家认为，这些制度最终对英国和法国的王室都有好处。限制君主的权力将使君主更有可能偿还债务，这反过来又使人们更有可能借钱给王室，从而帮助英法两国征募军队和发动战争。

　　我们需要对君主的权利进行制度上的遏制，这一观点至今存在。美国和其他地区的央行行长通常被赋予了很大的自主权。如前所述，在美国，美联储主席作为执行委员的任期为 14 年，这比任何一位总统的任期都长。一旦得到任命，美国国会和总统几乎没有权力影响美联储主席的行为。美国国会的一项法案要求美联储以保证最大限度的就业和稳定的物价为目标，但这一宽泛的使命存在很大的独立决策空间。保持物价稳定意味着不要印制太多货币，但实现最大限度的就业需要向货币系统提供足够的货币，它可以供人们来买卖商品。货币是一种交换工具，随着经济的发展，你需要更多的货币。美联储的主要职责是保持以下两个需求之间的平衡：增加货币供应以跟上经济增长的需求与不印制过多货币的需求。

　　赋予央行行长独立性的原因显而易见。央行有充分的理由增加货币供应，并掌握着公众无法轻易获得的货币需求信息。政府可能会经不住诱惑，试图额外印制少量货币，以偿还自身债务，或者资助能够帮助某位当权政客赢得连任的项目。出于这个（以及其他）原因，政客不应该被赋予印制货币的能力。通过将印制货币的权力委托给一个独立机构，政府以较低的利率筹集更多的资金（我们将在下一节中看到，利率是信任的一个衡量指标：信任越多，利率越低）。通过放弃一定程度的独立性，政治家和公民都将受益。

在这一节的开头，我提到法定货币基本上就是仅仅由政府的承诺支持的纸张。但这么说并不完全准确。中世纪中国的例子也证明了这一点。美元不仅得到了承诺的支持，还得到了美国军队的支持。尽管存在印制过多纸币的诱惑，但中世纪的中国纸币之所以有价值，是因为中国政府要求纳税者用纸币交税。今天的情况同样如此。归根结底，美国的纸币之所以有价值，是因为美国政府要求公民用它交税。并且各国政府通过武力威胁来实施自己的税收规则。

然而，货币的最新演变甚至消除了这最后一步。与由政府的信任和武力威胁支持的法定货币不同，最近出现的数字货币仅仅由对算法的信任支持。我们将在本章稍后部分回过头来探讨比特币和其他加密货币。

投资与银行业

"我应该购买什么股票？"在与我闲聊后得知我是一名经济

学家时，飞机上的邻座乘客总是会问我这个问题。不然就是问：
"美联储会提高利率吗？"

大多数微观经济学家希望你知道，大多数经济学家都是微观经济学家（而不是宏观经济学家），而大多数微观经济学家很少考虑股市和利率。不过，金融市场对微观经济学家而言可能很有趣，因为像信任博弈这样的微观经济学模型有助于我们理解金融的运作方式，以及它在经济中发挥的作用。

很多人认为股市是一家巨大的赌场，是一场由富人参与的博弈，为社会创造的价值微乎其微。从某种程度上说，股票交易所的交易大厅里发生的很多事情与赌场里没什么两样。股票交易是零和博弈，有一位赢家，就会有一位输家。但金融部门占美国国内生产总值的20%。也就是说，美国经济每年创造的总价值中有五分之一是由金融部门创造的。毫无疑问，金融体系饱受效率低下和腐败之苦，而垄断权力可能意味着其中一些收入是不正当的。然而，在这20%的数字中，很大一部分是对社会福祉的真正贡献。如果我们回顾过去，看看这些正在被交易的股票和债券的起源，我们就可以开始理解为什么金融可能如此有价值，以及金融部门如何真正创造出美国经济中五分之一的价值。

对一位经济学家来说，经济的作用是生产人们想要的东西。这些东西可以是有形的，比如玉米或汽车；也可以是无形的，比如假期或教育。生产需要投入。经济学家早就发现，投入分为劳动力投入和资本投入。生产玉米需要农民，但也需要拖拉机和土地等工具。金融的作用是为农民等劳动者提供生产所需的工具。

虽然工具匮乏的农民仍然可以种植粮食，但拥有大量工具的农民可以生产的粮食要多得多。所谓的绿色革命在 20 世纪五六十年代极大地提高了农民的生产力，因此被认为是帮助世界避免了托马斯·罗伯特·马尔萨斯[①]（Thomas Robert Malthus）所预测的饥荒，这一绿色革命主要是为农民提供更好的工具，如肥料和杀虫剂，但也包括其他新技术。金融的职责是将劳动者（劳动力）与他们需要的工具（资本）相匹配，为此，那些金融部门的从业者得到的报酬是他们国家国内生产总值的 20%。

将劳动力与资本相匹配的好处是巨大的。在人类历史的大部分时间里，大多数农民都只是在维持生计，为自己的家庭生产足够的粮食。而在今天的美国，仅仅 2% 的人口就生产出了满足整个国家和世界其他许多地区需要的食物。为农民提供足够的工具（比如更好的杀虫剂或新的农业技术）可以大大提高他们的生产力。

问题在于，劳动力和资本之间的这种关系充满了风险。最基本的风险是劳动者占有优势。在没有法律制度提供外部强制力的情况下，资本所有者必须相信每名劳动者都会勤奋地工作，公平地分享利润，而不会携款潜逃。事实上，关于信任的实验经济学

---

① 托马斯·罗伯特·马尔萨斯（1766—1834 年）。英国教士、人口学家、政治经济学家，以其人口理论闻名于世。他在 1798 发表的《人口论》（*An Essay on the Principle of Population*）一书中指出：人口按几何级数增长而生活资源只能按算术级数增长，所以饥馑、战争和疾病不可避免地会发生；因此他呼吁采取果断措施，遏制人口出生率。——译者注

研究以及我们现在所说的信任博弈，始于这些研究的作者们所称的投资博弈（Investment Game）。

历史上有很多例子显示出劳资关系对信任的需求。在中世纪，国家的财富在很大程度上由贸易驱动。经历了漫长而危险的海上航行或丝绸之路的陆上旅程，威尼斯商人通过运输贸易货物积累了大量财富。出资的商人不同于像马可·波罗这样进行旅行的商人冒险家。为了支持年轻冒险家进行这样的旅行，金融家需要提供商品和旅行费用，还必须高度信任旅行者会带着自己的钱回来。

即使在有法庭和合同帮助我们约束交易对象守信的今天，同样的问题仍然存在。法院永远无法涵盖所有潜在冲突，合同也不可能涵盖所有可能发生的情况；现代经济中的大部分互动依赖于信任关系，包括投资者和公司之间的关系。

金融市场与信任

如果你在字典中查阅"trust"一词，第一个定义是到目前为止我们在本书中一直使用的关于双方之间的一般信任，但第二个定义和金融有关，是一种一个人为另一个人持有财产的金融安排。通常，"trust"一词用于与银行相关的场合。很多金融词汇都来源于信任一词。美国印制的货币由美国政府的"完全信任和信用"支持，其中"Credit"来自拉丁语 credere，字面意思是"信任（动词）"。银行通常以信托公司的形式成立，作为受托人（英语"fiduciary"，来自拉丁文 fidere，意思也是"信任"），充当他人所持资金（例如，信托基金代表未成年人持有的资金）的受托人（trustee）。

　　信任也体现在银行业的建筑中。生活在纽约市，你有时会发现一些宏伟程度惊人的药房，这些药房拥有超高的拱形天花板和混凝土柱子，你一眼就能认出这里以前是一家银行。随着越来越多的银行转向线上，它们搬离了宏伟的老建筑，这些建筑随后被改造成药店、冰激凌店和快闪店（短期经营的时尚潮店）。

　　在美国的大多数城镇，年代较为久远的银行都拥有令人印象深刻的临街门面和独特的建筑风格，这仿佛在说，"你可以放心地把钱托付给我们"。长期以来，花在银行设施上的钱被视为该机构金融偿付能力的一个高成本信号（值得信任的行为）。银行试图传递这样的信息：他们有能力拥有一座豪华的大楼，如果银行家打算带着所有人的钱离开大楼所在的城镇，放弃这座大楼的代价将是巨大的，而且大楼也很难被出售。

　　正如人们经常认为经济学与货币有关一样，人们更容易认为金融市场和银行都与货币有关。我们可能会把金融家想象成史高治·麦克达克 ① （Scrooge McDuck），它整天在一个装满金币的大箱子里游来游去，数着成堆的钱。然而，经济学家喜欢把货币看成是一种占位符。

---

①　史高治·麦克达克是美国经典动画角色之一，一只戴着高帽子和眼镜，穿着红色衣服和蓝色鞋套的鸭子，有橙黄色的嘴和脚蹼，最早登场于1947 年 12 月发布的四色漫画（Four Color Comics）中第 178 期的《贝尔山上的圣诞节》（*Christmas on Bear Mountain*）中。在故事里，史高治被塑造成全世界最富有的鸭子，然而他仍不断去扩充自己的财富，而且十分不爱花钱，爱钱如命，但同时他也很注重亲情。——译者注

　　我们有时认为银行的主要作用是保证我们的资金安全，它也确实做到了。但更好的想法可能是，银行的主要职责是充分利用我们的多余资源。当我们在月底有钱可存，无论这笔钱是多是少，这都证明我们这个月所获得的报酬足以满足我们目前需要的商品和服务。如果我们把多余的钱存进银行，其中的大部分会被贷给需要资金用于生产的人。借款人可能用这笔钱支付大学学费或开一家发廊。银行在用我们的钱创造价值。作为回报，我们获得了以利息形式返还的一部分附加价值。

　　因此，每个月我教授经济学课程的收入，除了支付家庭的各种开销，其余会用来资助别人的学业、购房或小型企业贷款。当美联储要求美国各家银行保持 3% 的存款准备金率（这个数字不时变化）时，3 美元的储蓄就可以支持 100 美元的投资贷款。

　　所有这些都需要大量的信任。储户必须将自己的储蓄托付给银行。反过来，银行必须弄清楚哪些借款人值得信任。

　　1982 年，马萨诸塞州（Massachusetts）大巴林顿（Great Barrington）的弗兰克·托尔托列洛（Frank Tortoriello）需要资金搬迁自己的熟食店。托尔托列洛无法从银行获得贷款，所以他另辟蹊径，印制了一堆面值 10 美元的三明治代金券，他称之为"熟食美元"，在熟食店完成搬迁之后，这些代金券可以兑现。他以 8 美元的价格出售这些代金券，实际上为给他贷款的顾客提供了 2 美元的利息。他的银行不放心把钱贷给他，但他的客户放心这么做。

　　在通常情况下，我们依靠银行来决定我们将自己的储蓄委托给谁，但弗兰克·托尔托列洛的例子表明，银行并非必不可少，它们只是中间人。他的熟食美元计划实际上避开了联邦证券监管，因为他基本上是在发行债券，但美国证券交易委员会决定不进行调查。美国的法规通常不允许企业在监管这么少的情况下筹集资金；弗兰克·托尔托列洛聪明的筹资计划很容易被无意开业或无意重新开业的骗子效仿。美国监管机构要求，投资者必须拥有至少20万美元的年收入或100万美元的储蓄，美国证券交易委员会才会允许他们投资未注册的企业。这是为了确保投资者有足够的收入，使他们能够从造成亏损的不良投资中恢复过来。我们将看到区块链技术如何让更多的公司绕过银行和监管机构，直接从客户手中获得融资。但总的来说，现代金融体系依赖于银行和监管机构等机构来核实和确保投资者的可信度。

这些熟食美元刚对外发售，另一件有趣的事就发生了。人们开始用它们来做其他事情，比如付款给承包商；有些熟食美元甚至被捐给了教堂的募捐盘。人们用这种承诺会在未来送出三明治的纸币来支付今天的商品和服务。可以说，它们是基于"三明治本位制"运作的货币单位。除了原始借款人和贷款人，其他各方对这些熟食美元的再利用是次级市场的一个例子。我们将在本章后面的部分再对次级市场加以论述，因为次级市场的崩溃引发了大衰退。

利率

金融通常将投资分为两类：股权投资和债权投资。股权投资涉及资产的所有权，意味着你可以分享未来的利润，不管利润是什么（也可能出现亏损）。债权投资意味着你最终所能得到的只是你的本金，作为补偿，你将取得一定的利息。

最妙的是，利率几乎是衡量信任的一个尺度。或者，更具体地说，利率反映了贷款人的信任与借款人被假定的可信度的相符程度。

债务利率通常由如下所示的两个数字之和加以衡量：

利率＝基准利率＋利差

基准利率通常是与美国国债相关的利率，即伦敦银行同业拆放利率[1]（London Interbank Offered Rate，简称 LIBOR），或者是对消费者来说更常见的优惠利率（Prime Rate）。基准利率代表资本成本（Cost of Capital），或银行为了获得资金而必须支付的金额。基准利率可以被视为贷款人在完全信任你的情况下将向你收取的利息。由于借给美国政府的贷款被认为几乎是完全安全的，因此美国国债利率通常被称为无风险收益率（Risk-free Rate）；美国政府在借款时支付的利率为那些预计不会违约的借款人的贷款利率设定了基准。同样，优惠利率是银行向所有零售客户收取的最低利率。也就是说，优惠利率是银行向自己最信任的客户收取的

----

[1]　伦敦银行同业拆放利率已成为全球贷款方及债券发行人的普遍参考利率，是目前国际间最重要和最常用的市场利率基准。——译者注

利率，银行最确定这些客户会偿还贷款。对所有其他借款人来说，借款都存在利差，即借款人为弥补贷款人承担的更大风险而每个月支付的额外利息。从贷款人的角度来看，利差补偿了他们承担的风险。而从借款人的角度来看，利差是借款人不得不支付的额外成本，原因是贷款人对借款人缺乏信任。

在这里，信任互动的核心展露无遗。我们可以关注某人获得的利率，并就银行在多大程度上认为借款人会拖欠（即不偿还）贷款给出一个精确的数值。例如，如果银行认为你在某一年有5%的可能性会拖欠贷款，银行就会向你收取5%左右的额外利息来弥补这一风险。换句话说，你从这家银行借款需要支付的利差为5%。

银行越是认为你值得信任，你的贷款利率就越低。通过查看信用评分，我们可以从数学角度进一步解读利率。银行运用你的信用评分来确定你的信用度（即可信度）。你的信用评分越高，贷款人就越认为你值得信任。这意味着你将获得更低的利率，这使你更容易借钱、偿还债务、投资住房等资产。

当然，我们永远无法完全知晓你到底有多值得信任。实际上，你自己也不知道。一个按时支付所有账单的人将来很可能也会这样做。一个经常拖欠还款的人在未来偿还债务的可能性较小。但大多数最终拖欠还款的人从未想过自己会这样；他们是由于失业或巨额医疗费等一些无法预测的情况才被迫拖欠还款。你的信用评分是预测你的违约风险程度的一种方法，但这只是一种预测。

你的信用评分只能基于你的信用历史，这让这种预测更加不准确。它只能评估你在偿还过往债务方面的表现如何，你使用和获得的信用类型，以及你拥有信用的时间长短。你的其他信息，包括年龄、种族和性别等社会特征，都无法被用来确定你在美国的信用度。

另外，中国正在探索将信用评分扩展到"社会信用评分"。大数据和监控在国内的普及意味着人们收集的信息比以往任何时候都多。有关过去刑事犯罪的信息被用来评估可信度。但乱穿马路呢？举止粗鲁呢？拖欠赡养费呢？高中成绩呢？为什么只将信用评分用于借钱和贷款？为什么不用信用评分来决定雇用谁、将公寓租给谁，或让谁上飞机？所有这些问题都涉及信任。那么为什么不用一个数字来量化这种信任呢？在美国，我们普遍认可信用评分取决于你拥有的信用卡数量，但不能取决于你上的是什么大学。我们普遍认可信用评分可以用来决定你能租到哪间公寓，但我们对约会网站使用信用评分来决定你能和谁约会普遍感到不舒服。我们如何决定哪些信息可以归入这些分数，以及这些分数的用途？这些问题的答案就在信任和尊严的结合点上。我们将在第五章再次讨论这些问题。

次级市场与 2008 年金融危机

2008 年至 2009 年的"大衰退"是过去半个世纪中影响最大的经济事件，它的发生或许是由于信任的崩溃。具体而言，它是对金融体系次级市场的信任崩溃。回到我们之前的例子，熟食店老板弗兰克·托尔托列洛向他的顾客发放熟食美元，以支付搬迁自己的熟食店所需的费用。这是一个初级市场，因为它是需要资本的人和该企业的"投资者"之间的交易。当部分"投资者"开始使用熟食美元进行与弗兰克·托尔托列洛或熟食店完全无关的交易时，次级市场就产生了。当人们在纽约证券交易所买卖沃尔玛（Walmart）公司的股票时，他们不是向沃尔玛公司购买股票，而是从像他们一样的其他投资者手中购买。因此，股票交易所和其他交易所是次级市场，许多投资银行在这些市场上通过买卖盈利。

2008 年 9 月 15 日，其中一家投资银行雷曼兄弟（Lehman Brothers）申请破产。破产是指你不履行对他人的信用义务，并表示你无力继续履行自己的承诺。投资者曾经信任雷曼兄弟，但这种信任瓦解了。雷曼兄弟破产引发了一波恐慌和"大衰退"，许多人担心这场经济灾难将堪比"大萧条"。

经济评论人士最担心的后果是商业票据市场崩溃。商业票据是指业绩突出且信誉卓著的企业为偿还短期债务而发放的大量贷款。与抵押贷款不同（抵押贷款的还款周期很长，比如 15 年或 30 年），商业票据贷款通常在 30 天内到期。消费者也有机会接触到作为货币市场账户组成部分的商业票据，银行在提供支票账户的同时也提供商业票据，它能为消费者提供稍高的储蓄回报，但大多数消费者从未考虑过使用商业票据，即使他们对它稍有了解。商业票据还被普遍认为是一种低风险的无聊投资，连华尔街也很少考虑它。很少有人认为，像通用电气（General Electric，简称 GE）或埃克森（Exxon）这样的公司会无力偿还周期为一个月的债务，所以人们通常高度信任这些公司偿还这些贷款的能力。这意味着商业票据的利差通常接近于零。在 2008 年 9 月之前确实如此。

2008 年年初，只要愿意支付足够高的利息，即使是有不良信用记录的失业工人也可以贷款买房；但到了 2008 年年底，就连世界上最富有的公司也无法获得周期为 30 天的贷款来支付工资等短期费用。在经济学家看来，商业票据等市场的崩溃产生了毁灭性的影响。经济学研究的是社会如何分配稀缺资源，经济学家认为，市场就是处理这种分配的最佳方式。当人们能够进行一笔使双方都受益的交易时，市场就产生了。当这种交易能力在经济的所有部门成倍增长时，财富就被创造出来并开始增长。市场让世界摆脱了中世纪的贫困。但当市场失灵时，其影响也可能会波及整个经济界。

商业票据市场的崩溃令人震惊，原因有二。第一个原因是，这证明了使市场得以运转的信任不仅仅是一个数字问题。银行家们依靠数学公式来决定收取和接受什么利率，原则上，这些公式应该适用于任何允许交易继续进行的风险水平。但在 2008 年 9 月的几天里，使用这些模型的交易者们不再信任它们。不仅仅是因为风险变得太高，还有一种对"未知的未知"的新的恐惧。正如美国前国防部长唐纳德·亨利·拉姆斯菲尔德（Donald Henry Rumsfeld）所说，既存在已知的未知，也存在未知的未知。已知的未知是你不确定但可以根据所学知识加以猜测的事情，而未知的未知则是你从一开始就没想到的事情。人们之所以不愿意相互交易，是因为存在太多未知的未知。人们已经不信任自己的模型了。

商业票据市场的崩溃令我们震惊的第二个原因是，我们都处于一个信任网络之中。通常，当我们向某人提供贷款时，我们只会评估对方是否会还钱。然而，金融危机提醒我们，这些交易不是孤立发生的。稍早前，我们在本书中研究了法治的发展，并将在稍后研究信任如何表现为一种传染力。金融危机凸显了法制和信任的重要性。不确定的不仅是政府将如何当场应对事件，同样不确定的还有破产将如何蔓延到整个金融系统。当我决定是否要和银行进行交易时，我担心的不仅是银行是否有足够的钱偿还我，我还担心那些欠银行钱的人是否有能力偿还银行。债务违约是会传染的。为了信任你，我就必须信任金融系统。

金融危机期间，众所周知的华尔街崩溃也殃及了普通美国人的生活。在很长一段时间里，金融似乎是一场游戏，大多数人对它的起起落落都不太感兴趣。金融证券次级市场对大多数人的生活似乎没有什么直接影响。即使一家公司通过发行股票或举债来支付工人工资或建造工厂，这些代表股票或债券所有权的票据后来发生的任何情况都对那些工厂工人几乎没有影响。大型金融机构之间的买卖造就了活跃的交易大厅，但这些买卖与经济学家所说的实体经济基本无关。然而，金融危机表明了次级市场之所以重要的原因。筹集新资本、投资新工厂，或者仅仅是允许公司在等待回款时向员工支付工资，这些都有赖于正常运转的次级市场。如果公司无法将债务转售给其他人，银行就不愿意贷款给公

司。虽然银行投资确实会使用一部分自己的资金，但更多的是代表他人进行投资。比如，你当地的银行把你存进储蓄账户的钱投资于当地的企业；大型投资银行从养老基金等大型投资者手中获取资金，并将其提供给需要资金的对象。

人们有时候觉得，金融市场的问题似乎与金融界以外的任何人都没有关系。但当信贷市场冻结，人们对金融体系的信任崩溃，企业将无法获得资金支付员工的工资，更不用说开设新的分支机构和创造新的就业机会了。的确，几千年来，没有复杂的金融市场，大多数人也过得不错，但这些市场的复杂性是维持我们今天生活水平的一个重要因素。

经济学家仍在争论是什么导致了金融危机（是金融监管的放松、房地产市场的泡沫、过度扩张的货币政策，还是过度的外国投资）？但有一点是明确的：我们都是相互关联的。进行投资时，破产是正常的。因为投资的全部意义就在于帮助创业者承担他们无法自行承担的风险。当其中一家企业破产，并以几乎失控之势扩散时，危机就发生了。

合　同

一位朋友曾经给我讲了一个故事，说某年夏天他曾经雇了一名油漆工粉刷自己居住的公寓。他当时住在一个封闭式社区，正在翻修自己的公寓。他对油漆工的工作不满意，想让他重新施工。但是油漆工拒绝了，并试图驱车离开。于是我的朋友打电话给社区大门口的保安，告诉他那名油漆工想偷自己的钱，不要让他离开社区。结果油漆工被迫回到公寓重新施工，直到我的朋友满意为止。

巧合的是，粉刷房子这种交易经常在经济学教科书中被用来说明信任的必要性。你不仅需要信任油漆工会把工作做好，还需要信任他们不会偷你的东西。允许这些交易发生的部分原因是信任，部分原因是法制（具体来说是合同法）。

虽然我们对法律的印象往往是由我们在电视和电影中看到的诉讼律师塑造的，但大多数律师实际上每天都在审查合同。合同是双方当事人签订的可由法律强制执行的协议。这一宽泛的定义几乎涵盖了任何经济部门中所有形式的互动，它们通常发生在两家公司之间，但也可以发生在一名工人和一家公司之间。

常见的例子是正在安排未来某一天的交易的卖方和买方。例如，也许农民正在为种子和农具筹措资金，但这笔资金将在作物生长、收获和出售后得到偿还。或者购房者可能在从银行获得抵押贷款之前就与卖房者达成协议。这些情况都需要信任行为。而且在这些情况下，信任很可能是通过合同得以保证的。

在此，我想问的问题是，可依法执行的合同是有助于信任还是阻碍了信任，以及信任是有助于法律合同的执行还是阻碍了法律合同的执行。用经济学的语言来说，如果信任和合同是互补品，这就意味着两者相互促进。当合同双方相互信任时，合同将更好地发挥作用，而强有力和完备的合同可以增强信任。或者，如果信任和合同是经济学家所说的替代品，这意味着它们要么相互排挤，要么是更糟糕的情况，即相互干扰。如果合同的执行力足够强，建立信任的必要性就会降低；而在双方足够信任的情况下，一味完善执行合同的法律体系就没有必要。更具体地说，当买卖双方达成协议时，他们既可以依靠对彼此的信任来完成交易，也可以依靠有法律效应的合同以法律后果（即惩罚）相威胁，从而确保交易的进行。

你可能认为，信任和合同都是好东西，那么同时拥有两者不是更理想吗？然而，同样有可能出现的情况是，拥有一份具有法律约束力的合同可能会破坏两个人对彼此的信任。想想婚姻契约和婚前协议：有时候，在婚前协议等法律合同中规定清楚责任义务，这会破坏伴侣对彼此间关系的信任。

这个关于信任与合同执行如何互动的问题很重要，原因是信任与合同都关乎经济繁荣和增长。如果两者共同发挥作用，那么加强其中一个因素就会形成良性循环，而良性循环也将加强另一个因素，从而这将对经济增长做出更大的贡献。但如果两者存在矛盾，那么一方增加的信任或合同在另一方可能会被抵消，反过来对第一方也没有好处。

实验室中的信任与合同

本章稍早前讨论过的信任模型基本上将信任行为定义为冒险。双方之间的合同是一项关于双方义务和各种可能发生的情况的后果的协议。经济学家关注的是合同使自身变得更强大的两个特性：完整性和可执行性。当一份合同能够更明确地列出关于合同义务和后果的细节时，它就会更加完备。当法律体系能够更好地实现合同条款时，合同将更具可执行性。例如，条款更清晰明确的合同比条款含混不清的合同更具有可执行性。但更好的执行性还源自更低的诉讼费用、更公平的法官和总体运转良好的法律体系等因素。

一般来说，理想的合同会降低合作的风险。风险的降低既有利于信任又不利于信任，原因如下：风险的降低有利于信任，因为它降低了与陌生人合作的风险，如果与陌生人合作风险过大，新的关系就无法建立；然而，如果通过严格的控制过度降低风险，那么强有力的合同将不利于信任，这是因为如果没有机会表明可信度，关系将无法发展。

阿明·法尔克（Armin Falk）和迈克尔·科斯菲尔德（Michael Kosfeld）进行了一项巧妙的信任博弈实验。通过确定他们所谓的"控制的隐藏成本"，该实验可以证明信任和合同之间的这种紧张关系。在经典的信任博弈中，投资者对代理人进行投资。对代理人来说，该笔投资的价值变成了原来的三倍，此后，代理人可以选择按照自己的意愿与投资者分配收益。平均而言，当这项实验在实验室进行时，受试者倾向于保留大约三分之二的收益，而将三分之一的收益返还给投资者。如果你对代理人的行为施加一些限制，这种互动就可以变得更加安全。你可以要求代理人向投资者返还至少 10% 的收益，而不是让代理人按照自己的意愿分配收益。你可以把这一限制看作是投资者和代理人之间的合同的一项规定。

因为代理人通常会返还三分之一的收益，这已经超过了
10%，你可能会认为，强制要求 10% 的最低回报率不会产生太
大的影响。这一规定消除了部分风险，因此投资者得到的收益永
远不会是零。理论上这将增加投资，并为投资者带来更高的回
报。然而，阿明·法尔克和迈克尔·科斯菲尔德的实验结果正好
相反。最低 10% 的回报率限制导致代理人返还给投资者的收益
比限制实施前还要少。如果投资者不试图限制代理人的选择，投
资者的收益原本可以更高。

这乍看起来可能令人费解。如果代理人无论如何都要返还
三分之一的收益，为什么他们在有限制的情况下返还的反而更少
呢？三分之一的比例已经高于 10%，因此最低 10% 的限制应该
无关紧要才对。实验结果表明：这一限制代表着缺乏信任。信任
有赖于互惠，当委托人限制代理人的选择时，代理人就将以互惠
程度较低的行为进行回应。另一方面，当委托人优待代理人时，
代理人也会优待委托人。此外，当代理人可以自由选择返还多少
收益时，他们选择返还的收益将表明他们的可信度。而当他们的
选择受到合同规则的限制时，这个选择是出于诚信还是规则所迫
就不那么清楚了。这样，代理人的决定就不能作为判断可信度的
标准了。因此，他们最终返还给投资者的收益会减少。最后，当
委托人强制要求返还 10% 的最低收益时，他们含蓄地表明自己
对代理人的回报抱有较低的期望。因此，代理人会在不辜负（或
辜负）这些较低的期望中做出选择，而不是返还更多的收益。

经济学家对这一观点进行了拓展，以表明合同在不完全时更

有效。当合同为信任留下一定空间时，它就可以更好地发挥作用。我们可以在如下工作场合看到这种情况：管理者对员工进行微观管理的愿望与他们放权并信任员工判断的能力是相互矛盾的。

至此，我们了解到合同会在微观层面上干扰关系中的信任。但是接下来，我们将看到在宏观层面，信任和合同似乎是相互促进的。

信任与法律：补充对替代

在第二章中，我们谈到了合作在人类历史上的演化，以及我们如何从一个依靠关系和信任来加强合作的社会进入到一个由市场和法治对合作进行协调的社会。当然，以这样的方式描述合作的演化，会让人觉得社会治理方式似乎是二选一：要么依靠一种由暴力垄断支持的集中法治，要么依靠一套由个人彼此间的信任支持的松散的社会规范（个人依靠彼此间的信任在这一社会规范系统中履行自己的义务）。事实上，社会不是单独依靠上述某一种手段进行治理的，而通常是上述两种手段的结合。

历史数据显示，法治和社会信任都有助于社会繁荣。在不同时期，世界各地的经济规模与法治和社会信任都存在着紧密的联系。当然，所有这些东西，比如经济规模、法治和社会信任都很难得到衡量，但我们利用调查数据、经济数据和专家评估尽力对它们加以衡量。

我和大卫·B.霍夫曼（David B. Huffman）在 2017 年撰写了一篇论文，我们在论文中研究了法治和信任是如何相互作用的。

特别是，我们提出了一个问题：法治和信任在促进社会繁荣方面是相互补充还是彼此替代？一个关键证据是，从历史上看，信任和法治往往是相辅相成的。如图 3.1 所示。

在这项研究中，我和大卫·B.霍夫曼探索了在法律和信任的相互作用中起作用的两种相互对立的博弈论动态。起作用的第一种动态是，法律保障了基本稳定，使人们得以建立对他人的信任。每一次互动，比如每一次通过展示可信度而得到回报的信任行为，都会随着时间的推移建立更多的信任。当我们从反复的互动中了解更多对方的信息时，我们就能更好地发现谁是值得信任的，这反过来也让我们更容易信任他人。一旦基准水平的信任得以建立，我们就有了冒更多风险的安全保障，这将带来更多互动。这一循环使越来越多的信任得以随着时间的推移而发展。然而，只有当人们有足够多的方式信任陌生人，并超越由个人关系管理的小型部落社会时，这种良性循环才能开始。我们可以从宏观数据中看出信任与法律之间的这种互补关系，宏观数据显示，如果一个国家法制健全，那么公民往往也会更信任他人。

然而，在信任与法律之间起作用的第二种动态则表明了相反的情况：信任和法律可能是相互矛盾的。尽管宏观经济证据（关注各个国家不同时期的经济发展趋势）显示信任和法律是携手并进的，但微观经济证据（关注个人或企业的行为，包括在实验室中揭示的行为）表明，相反的情况也是有可能的。法律为秩序和合同提供保障，但同时也会妨碍信任的建立。因为信任需要双方冒险投资给对方，也需要双方愿意对彼此间的关系进行投资。控

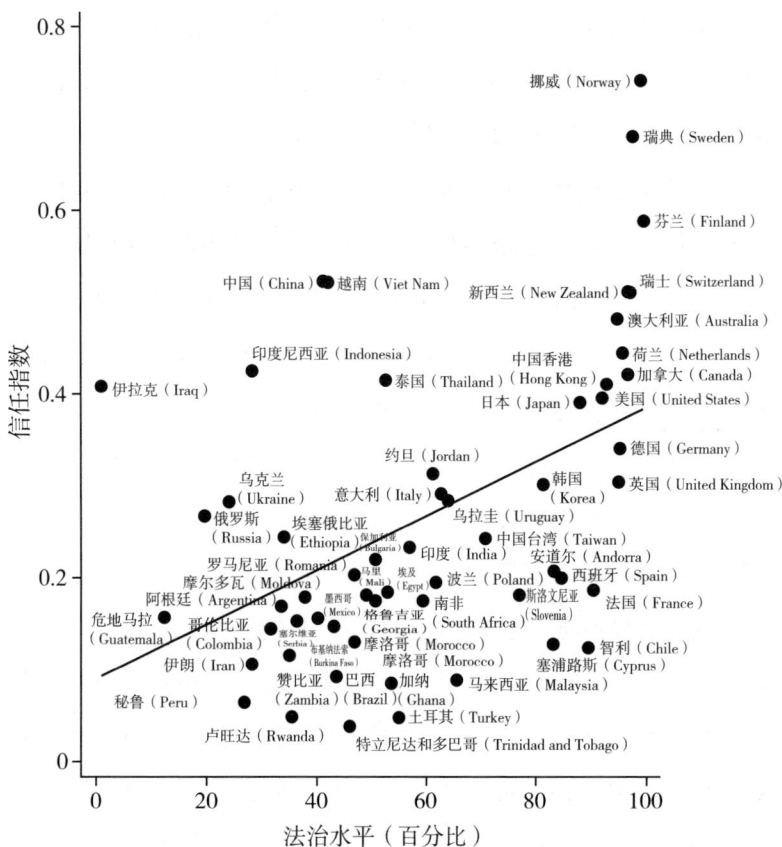

图 3.1　对政府的信任度与法治水平的关系

来源：Ho, B., & Huffman, D. (2018). Trust and the law. In Research Handbook on Behavioral Law and Economics (Northampton, MA：Edward Elgar), 302.

制性太强的合同降低了冒险的必要，从而限制了建立信任的机会。

　　研究合同的经济学家和律师早就注意到，合同总是不完全的。总会有一些合同中没有列出的情况发生，这些情况可能导致未来的冲突。例如，假设我同意用黄金换取你下次收获的小麦。

我们会尽可能设想可能发生的各种情况并拟定对策，但总有一些事情是我们想不到的。如果小麦叶枯病导致庄稼死亡怎么办？如果黄金因货币政策的变化而贬值怎么办？如果小麦在运输途中被土匪偷走了怎么办？如果爆发了战争怎么办？合同无法涵盖所有的意外情况，长久以来，合同的这一不完全性被视为一个需要各方相互信任才能克服的问题。

然而，最近有博弈论学者认为，合同的不完全性是一种特征，而不是一种缺陷，甚至当事人可能有意让合同的某些部分含混不清。制定更精确的合同可能成本高昂，需要更多的法律费用甚至冒潜在的诉讼风险。有时候，依靠信任和人际关系真诚地解决纠纷比请律师更可取。

正如需要稳定才能让各方愿意冒险，让信任得以发展，留有一定的空间才能让各方易受伤害。因此在前文所述的阿明·法尔克和迈克尔·科斯菲尔德的实验中，当委托人强加规则限制代理人的选择时，你看到了不那么值得信任的行为，这反过来又会导致信任水平的下降。

最终的结论是，规则和限制可以让委托代理交易更加安全，但这种安全会妨碍建立信任的能力。

我们从历史数据中得知，信任、法治和经济繁荣是相辅相成的。我们还观察到三者之间存在正相关关系。但正如我说过的，相关性不是因果关系。信任、法治和经济繁荣之间的联系并没有告诉我们三个之中哪个是因哪个是果，或者这三者是否完全由其他两个因素决定。为了弄清楚这一点，我们通常依靠理论给出假设。我们在本节中提出的假设是：

● 通过保障人们与陌生人建立关系的安全性，更有力的
合同和法治促进了信任。

● 通过妨碍人际关系的发展，更有力的合同和法治阻碍
了信任。

这两个相互对立的假设为我们解释信任、法治和经济繁荣之
间的积极联系提供了不同的方式。

如果规则促进了信任，我们就可以认为，拥有更好规则的社
会将产生更多信任。但如果规则阻碍了信任，那么我们看到的规
则与信任之间的正相关关系就是以经济繁荣为媒介的：规则促进
了繁荣，而繁荣促进了信任；或者是信任促进了繁荣，而繁荣促
进了规则。

想要确定两者到底是相关性还是因果关系，理想方法是进行
一次随机实验：选择一些国家并随机赋予其中一些国家强有力的
法治，同时赋予其他国家薄弱的法治，然后不要干涉，观察这些
国家一两个世纪，看看信任在这些国家会发生什么情况。

不巧的是，这个计划有点不切实际。我们所能做的就是在实
验室里模拟信任和法律，看看什么情况会发生，或者寻找自然实
验。目前，我们还不能确定信任和规则的准确关系。

当我们和另一个人共事时，我们可能面临很多问题：我们的
期望可能无法实现，不断变化的环境可能会改变工作的性质。应

对这些风险的一种方法是起草一份合同，另一种方法是和你信任的人共事。使用合同来调解一种关系成本高昂，这主要体现在合同的起草（律师很贵）和执行（法院也很贵）。此外，在关系中引入合同会改变这种关系的性质。因此，合同可能会妨碍我们建立信任。想想引入婚前协议是如何改变婚姻的意义的。

另外，和新同事一起工作总是存在风险的。和一个不认识的人建立信任十分困难。订立合同可能会使你更敢于在陌生人身上冒险，从而促进关系的发展。在婚前协议这个例子中，如果你（也可能是你的家人）担心未来的婚姻不会长久，你可能会推迟结婚，直到确定自己的心意，或者干脆取消婚事。而婚前协议或许可以让两个人愿意承担结婚的风险，从而创造出一种更强大的纽带。

劳　动

经济的基本组成要素是劳动力和资本。我们消费的一切，从穿的衣服到看的电影，再到在哪里接受教育，无不来自某人所做的工作（劳动力）和他们用来提高效率的工具（资本）的结合。经济学家认为经济是一台机器，它将经济的这些基本组成要素转化为我们所有人消费的商品和服务。在之前关于货币和投资的讨论中，我们讨论了经济如何将资本与劳动力（投资）相匹配。在本节中，我们将关注劳动的本质。

我曾坐在旧金山一座公园里的草坪上，一边等待一场免费的户外音乐会，一边阅读一本经济学教科书。坐在旁边毯子上的一个女人瞥了我一眼后说："你一定是位经济学家。那你说经济学家们如今努力解决的最大问题是什么？"我不习惯如此宏大的哲学问题，因为我大部分时间都在推导数学方程，我结结巴巴地问：为什么我们会有工作？现代经济学思想的核心是，市场是组织经济互动的最佳方式，但市场的组织方式与企业的组织方式不同，市场是中央计划、命令和控制的领地。她若有所思地点点头，说这个了不起的问题确实值得研究。她的丈夫就是一位经济学家，毕生致力于回答同一个问题。

我们认为工作是理所当然的，但如果你花点时间仔细想想，你会发现工作在市场经济中的存在有点奇怪。公司是专制的等级制政权，命令自上而下传达。另外，理想的市场是一个扁平的、平等竞争的小系统。在理想的资本主义经济中，供求的市场力量决定生产什么。

现在，我们将跟随经济学的创立者亚当·斯密，并使用他关于大头针工厂的例子（见图 3.2）。亚当·斯密在他著名的《国富论》中一开始就探讨了大头针是如何制造的：

> 一个人抽出铁丝，另一个人将铁丝拉直，第三个人把铁丝剪断，第四个人把铁丝削尖，第五个人磨铁丝的另一端，以便装上圆头；要做圆头，两三道不同的工序是必要的。装圆头，将大头针涂白，乃至包装，这些都是专门的职业。这样，大头针制造这项重要工作就被分为大约十八道不同的工序。

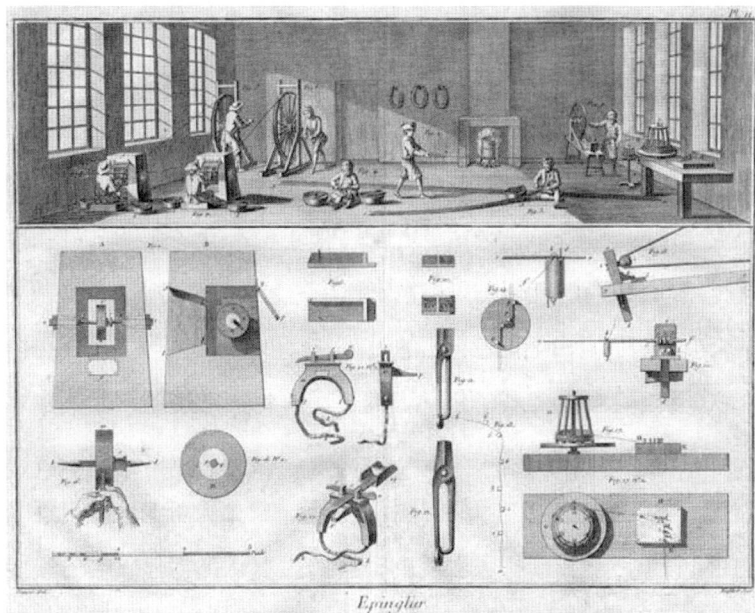

图 3.2 大头针工厂的组成要素。亚当·斯密用大头针制造来说明劳动分工带来的巨大生产力收益。然而，依靠这么多人制造一枚大头针也需要更大程度的信任

来 源：An illustration of pin-making from Diderot's Encyclopédie，1762.（Wikimedia Commons）.

我们想当然地认为，这些工人都将受雇于同一家公司，并向经理汇报，经理会向高管汇报，高管最终会向公司所有者或首席执行官汇报。所有工人都会认真地服从命令，否则就有丢掉工作的风险。每名工人都必须遵守公司的规定，准时上班，工人几乎没有自主权来决定做什么以及什么时候做。

你也可以想象上述 18 项任务分别属于 18 家独立的承包商或公司。每家承包商或公司都会制定自己的规则和时间表。一家公

司会采购弯曲的铁丝并出售笔直的铁丝，另一家公司采购笔直的铁丝并出售切断的铁丝，还有一家公司采购切断的铁丝并出售削尖的铁丝，等等。你可能会提出异议，认为这样一来，不同公司会将这些部件置于不同地点，这会带来不便，将它们置于同一地点会是更合理的。但不同的公司也可以共享同一家工厂的空间。在一些中世纪的工厂中，工人们可能被安置在一起，但每名工人都是独立的个体，可以自由地把控自己的工作内容和时间。铁丝弯曲工可能在铁丝切割工身旁工作，但他们的工作内容各自独立。

现如今，你可以在一些医院的急诊室中看到这种安排，医生和护士不受雇于医院，而是自由职业者，每个人都与医院有独立的合同。（但是当同一家医院的一些医生承认你的保险而另一些医生不承认时，这种雇佣关系对患者来说就是一场噩梦。）你在优步或 Handy ① 等公司也可以看到这种情况，它们不直接雇用司机、清洁工或其他工作人员，而是与这些作为独立承包人的工作人员谈判（这种制度会给承包人带来问题，原因是他们不受劳动法的保护）。

企业理论

为什么我们会有工作和企业？这个问题是由罗纳德·哈

---

① Handy 是一家美国网上保洁家政服务平台，于 2012 年在马萨诸塞州剑桥（Cambridge）市成立，总部位于纽约，在美国、英国和加拿大提供服务。——译者注

里·科斯（Ronald Harry Coase）解决的一个难题，他在 20 世纪上半叶帮助开创了企业理论，该理论试图解释为什么我们放弃自主权，选择在一家公司工作，而不是作为独立承包商销售自己的服务。让罗纳德·哈里·科斯更为人所知的是他对外部性（Externality）的研究。外部性观点认为，除非某种交易成本阻碍了市场的运行，否则市场就会产生最佳结果。例如，空气污染是一种外部性，因为当一家工厂污染空气时，它伤害了数百万人。让这数百万人和这家工厂就污染的危害进行谈判需要高额的交易成本，这显然是不切实际的。这就是为什么我们需要政府对污染物进行监管：将外部性内在化。

罗纳德·哈里·科斯在思考与公司有关的问题时应用了同样的观点。在一个无摩擦的理想市场中，每名大头针工匠从理论上可以被看作一家公司。在亚当·斯密确定的大头针工厂内部供应链中，这些工匠各自负责 18 个步骤中的一个，完成采购投入和销售产出。然而，各家公司之间的互动可能变得相当复杂，需要就合同进行谈判，处理延期以及质量问题。如果铁丝磨削工突然决定请一天假去钓鱼，那铁丝裁剪工剪好的铁丝就没有人购买，铁丝裁剪工会被积压的库存所困。本该购买铁丝磨削工磨好的铁丝的针头压平工将没有材料进行加工。此外，每一个步骤都需要对机械进行投资，而这需要投资者相信自己可以把钱收回来。最终，人们更容易信任一家固定不动的大型工厂，而更难以信任一位可以跑掉而无须承担任何后果的个体承包商。

自罗纳德·哈里·科斯以来，理论学家们花费了半个世纪的时间进一步确定这些交易成本是如何起作用的。其中一些成本很常见：寻找买家和卖家需要的时间，议价需要的时间，还有订立合同和解决纠纷所需的律师费。然而，将生产进行分解，你会发现其他成本更具有结构性，并且与信任问题有关。

本文中使用的经典例子与费舍尔车身公司（Fisher Body Company）有关。该公司于1919年被通用汽车（General Motors, 简称 GM）公司收购。费舍尔车身公司由从事马车行业的费舍尔两兄弟于1908年创立，他们意识到制造汽车车身更加有利可图，于是转向汽车制造。他们成了包括别克和凯迪拉克在内的许多通用汽车产品线的主要车身供应商。通用汽车希望费舍尔车身公司将工厂搬迁到通用汽车工厂旁边，以削减成本。然而，费舍尔车身公司不愿这么做。搬迁工厂将改善他们与通用汽车的关系，提高效率，降低成本，但这将使费舍尔车身公司更难将自己的汽车车身出售给其他公司。费舍尔车身公司担心，一旦他们开始依赖通用汽车，通用汽车公司就会想要通过谈判达成一份对自己更有利的新合同。如此一来，费舍尔车身公司将没有太多选择，只能接受新的条款。两家公司因此陷入了僵局。

如果双方能够达成协议，他们都将受益。通用汽车将受益于更低的成本和更高的生产一体化水平，这将增加自身的销量。同时，通用公司将需要向费舍尔车身公司订购更多产品，这也会扩大费舍尔车身公司的生产规模。但由于双方缺乏信任，这笔交易未能达成。

解决办法很简单。通用汽车开出了一个让费舍尔兄弟无法拒绝的报价。通用汽车掌握了费舍尔兄弟对自己公司的估价，并提出以（稍稍）更高的价格从他们手中买下公司。通用汽车愿意并且这样做的原因是，他们知道如果费舍尔车身公司在与通用汽车的关系上进行投资，费舍尔车身公司的价值将会提升。但是费舍尔兄弟自己不会这样做，原因是通用汽车希望费舍尔车身公司专门生产通用汽车车身，但这也会使菲舍尔车身公司依赖通用汽车。费舍尔车身公司认为通用汽车会利用这一点。正如阿门·阿尔伯特·阿尔奇安（Armen Albert Alchian）及其同事解释的那样，费舍尔车身公司的例子成了公司经济理论的基础研究之一。

但这与工人和工作有什么关系呢？公司希望工人在他们与公司的关系上进行投资，就像通用汽车希望费舍尔车身公司在他们与通用汽车的关系上进行投资一样。工人可能会为了在一家公司工作而搬迁，可能会为了这家公司发展专业技能，但是这给工人带来了巨大的风险负担，使他们容易受到公司的剥削。为了加强工人对公司的信任，公司以工作的形式对员工做出长期承诺。一份工作是一种承诺，它有助于说服工人相信对公司进行投资是安全的。一旦公司做出这样的承诺，长期雇用就能让信任随着时间的推移而不断发展。

等级制度与权威

虽然公司的一个决定性特征是公司和工人之间长期的持续关系，但公司的另一个决定性特征是等级结构。我们在完全竞争市场上看到大量无差别的买家和卖家或多或少进行着平等互动。与理想的完全竞争市场不同的是，公司内部的交易在本质上通常具有极强的等级性。工人几乎总是知道自己在公司的等级制度中所处的位置：他们知道自己向谁汇报，也知道自己的职位或资历比谁高。

多年来，有很多关于等级制度的理论。我和我的合著者们进行过一个实验，结果表明了人们更喜欢保留等级制度，因为等级制度促进稳定，还因为冲突代价高昂，令人痛苦。等级制度在组织中存在的原因和在自然界中存在的原因如出一辙：动物创造了啄食秩序，以避免把所有时间都花在争夺统治地位上。一种啄食秩序一旦在一群鸡中得以建立，鸡群中的成员就会努力维护这一秩序，因为花太多时间相互争斗会让鸡群更容易受到捕食者的攻击。我和我的合著者们发现，在人类身上同样存在这种维持等级制度的本能：我们记录了这种不同文化所共有的本能，并展示了它是如何在小至 7 岁的儿童身上发展的。

爱德华·保罗·拉齐尔和哈维·谢尔顿·罗森（Harvey Sheldon Rosen）提出了第二种等级制度模型，该模型基于这样一个观念：组织机构之所以喜欢等级制度，原因是它们将"锦标赛结构"用于员工的晋升。公司几乎都采取一种金字塔结构，在这种结构中，只有少数精英有机会晋升到顶层。在等级结构中，级别越高，人数越少。锦标赛结构使晋升成为一种奖励。这为努力工作创造了激励，并为企业提供了一种识别和奖励人才的方法。

第三种等级理论认为，等级制度是为了工人而存在的。从事该领域研究的经济学家经常讲的一个故事是：在中世纪，人们可以看到成队的人沿河拖着装满货物的驳船。有个人鞭打这些拖船工以保持速度。一个心地善良的女人经过，并劝说鞭打者对这些人手下留情。鞭打者告诉女人："小姐，你完全搞错了。这些人不是为我工作，而是我为他们工作。他们花钱让我鞭打他们，因为他们不信任自己的队友，认为如果没有适当的刺激，队友就会懒怠。"在这种等级观念中，权力在组织中是集中的，以便有人负责确保每个人按照标准工作。这种问责制提高了每个人的生产力，并且提高了工人的工资，同时增加了组织的利润。

因此，在公司内部发展等级制度有很多优点，但等级制度也会造成问题。等级制度创造了集中的权力，这有助于解决冲突和激励员工工作。然而，剥夺员工的自主权，这也会让公司遭受不利影响。

菲利普·马里奥·阿吉翁（Philippe Mario Aghion）和让·梯若尔（Jean Tirole）指出，集中的权力有利有弊。剥夺下属的自主权将使员工更难以自行做出决定和创新。在理想的情况下，决策权应该委托给那些最了解实际情况的人。但这需要管理者相信员工会为了公司的利益而运用自己的自主权，而不是用来逃避工作。

现代有这样一种趋势体现了这一困境：亚马逊和索尼等现代科技公司为员工提供无限制带薪休假。其理念是，公司足够信任员工能够负责任地使用这一特权。本书的合著者之一，我以前的学生鲍佳易（Jiayi Bao）研究过这些政策。她发现，这些政策可以通过吸引更多有才华的员工来增加公司的利润；此外，通过允许员工更自由地安排个人生活，这些政策赋予了他们更多的空间和精力去努力工作。当公司表现出对员工的信任时，员工将会回报公司，为公司努力工作。但与此同时，你也可以很容易想象，无限制带薪休假如何能够让一名不值得信任的员工占公司便宜，不工作却仍然得到报酬。

现代职场在给予员工更多自由的同时，也在施加更多控制。许多公司使用软件监控员工一天中的每一分钟，对他们的电脑屏幕进行截图，或者使用员工手机上的全球定位系统（Global Positioning System，简称GPS）应用程序追踪他们的位置。这样的监控可以显示员工什么时候在脸书或照片墙上与朋友聊天，或者知道他们是不是谎称生病去海滩上度假。这可以防止懒惰的员工拖累其他所有人，但也显示出公司对员工缺乏信任。

我们之前讨论过控制力过强的合同会如何摧毁信任。公司拒绝变得易受伤害，不愿在员工身上冒险，这损害了信任：这种控制使员工无法展示自己的可信度，也使公司无法展示自己对员工的信任和重视程度。这抑制了员工展示互惠行为的愿望。

通过比较支付固定工资的工作和支付计件工资的工作，我们可以更直接地考察这种信任如何应用于劳动力市场。拿固定工资的工人根据他们的工作时间得到报酬，无论他们生产了多少产品，工资都是一样的。拿计件工资的工人（比如许多服装工人）是按每件完成的产品（比如每件缝制好的衣服）而不是按工作时间获得报酬的。爱德华·保罗·拉齐尔发现，当一家挡风玻璃安装公司从按小时支付工资改为按安装的挡风玻璃数量支付工资时，工作效率提高了44%，公司吸引了素质更高的员工，利润也得到了提升。

　　然而，在现代经济中，支付固定工资或按工作时间支付工资的工作要比按件支付工资的工作普遍得多。这是为什么？关键是信任。在产出显而易见的工作中，比如修理挡风玻璃或缝制衬衫，信任就不那么重要了。然而，在大多数工作中，信任是不可或缺的因素。

　　事实上，越来越多的劳动经济学研究表明，劳动关系可以被认为是一种礼物交换，与前面讨论过的前现代社会相呼应。雇主提供工作和工资作为礼物，作为回报，雇员提供自己的劳动作为礼物。这一劳动概念颠覆了我们对工作的传统理解，即工人劳动并因此从雇主那里获得报酬。在实验室实验中，恩斯特·费尔（Ernst Fehr）、西蒙·盖奇特（Simon Gächter）和格奥尔格·科赫斯泰格（Georg Kirchsteiger）建立了实验性的劳动力市场来检验这些理论。受试者被随机分配扮演雇主或雇员的角色。在实验中，"雇主"向其他扮演雇员的受试者提供"工作"，而"雇员"则得到可以用来为"雇主""工作"的代币。恩斯特·费尔等人发现，最好的雇佣关系通常是"雇主"提前将工资"赠予""雇员"，而不是工人先按合同工作，再根据自己的服务获得计件工资。当"雇员"提前得到报酬时，他们"工作"最努力，认为自己有义务不辜负"雇主"对自己的信任。

品　牌

　　在网络上搜索"你信任的品牌"，你会发现这个品牌理念与

3M 、百得（Black & Decker）、强生（Johnson & Johnson）、吉尼
（Genie）车库门遥控器、佰多力（Bertolli）面食等有关。"你信
任的品牌"这个短语已经成了陈词滥调，几乎没有任何意义。建
立对品牌的信任是现代资本主义的一个基本特征，而我们很早就
开始接触品牌了。

当我带着两个蹒跚学步的孩子走在迪士尼乐园里时，我对
迪士尼公司如何有效地垄断了孩子们最关心的所有品牌印象深
刻：肯定少不了迪士尼公主和皮克斯玩具，但也有漫威超级英雄
和《星球大战》。当我的第一个儿子还小的时候，我们实际上避
开了大部分上述玩具，但他从学校的朋友那里得知了所有与这些
玩具有关的信息。一旦他被品牌营销所感染，他就会把这些迷恋
传给他的弟弟。我小儿子说的第一句话是"钢铁侠"。研究表明，
当 50 个品牌标识出现在面前时，三四岁的孩子就能识别品牌并
知道其中 38% 的品牌标识的相关产品。

但品牌建设的全部目的在于建立信任。当村庄很小，我们和
自己认识的人进行大部分的市场互动时，我们就会直接与当地的
商人和工匠建立信任。当大规模生产的效率提高，我们开始越来
越多地向全国连锁企业和不具名的国际企业集团购买商品时，我
们就需要其他方法来了解谁值得信任。于是，品牌应运而生。

近年来，消费文化越来越多地将我们的身份与消费的品牌联
系起来。我们的购物和消费传达的身份信息超出了我们的认识：
品牌不仅有助于消费者建立对企业的信任，它们还让消费者能够
与消费观相同的陌生人建立信任。

因此，品牌具有双重目的：将与同一组织有关联的一群人的个人名誉替换为共同的集体名誉，并帮助消费者表明自己的身份，以便找到他们可以信任的其他人。

品牌是名誉的助记符

对一位经济学家来说，品牌的目的是解决信息问题。乔治·阿瑟·阿克尔洛夫（George Arthur Akerlof）在他获得诺贝尔奖的著名论文《柠檬市场：质量的不确定性和市场机制》(*The Market for Lemons: Quality Uncertainty and the Market Mechanism*)中表明了：质量的不确定性将如何导致市场解体。为什么一辆新车的价值在你将它开出经销商停车场的瞬间就急剧下降？这是因为我们认为，人们可能只会在新车出问题时才会把它卖掉。问题之所以复杂，是因为立刻贬值意味着那些本想出售一辆年限短、成色好的汽车的人将不愿意出售，从而这降低了市场上商品的质量。这导致了一个能够引发市场解体的恶性循环。对现有产品的质量有一点点不信任，这就会让拥有最高质量产品的人退出市场。

为了解决这一不确定性问题，品牌应运而生。回想一下，人类拥有的生物机制可以让我们记录大约 150（邓巴数字）个人的可信度。现代经济已经运用了这些机制，并将它们导向对数百个品牌的信任。在离家数百英里的陌生地点开车时，如果找到一家麦当劳或星巴克，一进门你就清楚地知道里面有什么，这会让你感到安慰。

一个品牌成功的诀窍在于，它需要一大批人并允许他们通过与该品牌的联系分享同一个声誉。但是这也意味着一个人的行为会影响我们对所有人的信任：当麦当劳的员工提供优质服务时，他们就为品牌名誉的可信度做出了贡献。

稍早前，我们在本书中看到，宗教可以通过使一群拥有共同价值观和做法的人分享同一名誉来增强信任。宗教使用各种机制维护追随者的名誉，公司也会使用许多相同的机制来维护自身的品牌。

公司品牌的职责是向公司的所有员工灌输该品牌的价值观。我大学毕业后的第一份工作是在投资银行摩根士丹利（Morgan Stanley）。他们给了我们这个像魔方一样的桌面小玩具，立方体的每一面都印着不同的企业价值观："创新……诚信……价值……团队合作……"。这个玩具附带有一封信，信中提到了公司请品牌顾问打造公司价值观时投入的开发费用。这个玩具遭到了我那些愤世嫉俗的同事们的广泛嘲笑，但这个想法引起了我的兴趣。公司如何以及为什么要在员工的企业文化上投入这么多资源？

原因是，在一个责任分散的大型组织中，一个人很容易经不住诱惑搭别人的顺风车，自己却不付出任何努力。就像宗教一样，成员们会因为损害群体的名誉而被逐出教会（开除出公司）。因此，公司采用仪式和故事来反复灌输规范和期望（和宗教的做法很像）。

在一些因为个人行为不端而对整家公司提起诉讼的案件中，我们看到了企业文化的重要性。我过去常常觉得，沃尔玛这样的公司因为员工的不良行为而被起诉很奇怪：为什么要因为一个人的行为而责怪一个拥有230万人的组织呢？然而，从企业文化的角度来看，这种共同责任更有意义。我们信任在沃尔玛工作的个人，因为我们信任沃尔玛这个整体。这意味着我们也要求所有沃尔玛员工对个人的行为负责。

品牌与身份

品牌有一个不太明显的作用，即品牌不仅帮助我们弄清楚哪些产品和公司值得信任，还帮助我们根据其他人消费的品牌确定他们之中哪些人值得信任。品牌帮助我们识别自己的部落。今天，这一品牌作用的意义与它对狩猎采集者的意义或对宗教团体的意义有些不同，但逻辑基本相同。

经济学家仍在争论广告的目的，这可能会让一些人感到惊讶。许多经济学家对广告的真正说服能力持怀疑态度，也有一些经济学家相信广告能给消费者传达产品信息：市场上产品众多，广告能告诉我们什么是新产品。但像可口可乐这样众人皆知的品牌为什么需要更多的广告呢？

一种理论认为，广告的存在是为了帮助让我们肯定自己的购物选择。如果那些购买过苹果手机（iphone）的人看到一则苹果（Apple）产品的出色广告，他们的购物体验会更好，更有可能一直是忠实客户。

很受经济学家欢迎的另一个理论（尽管在其他所有人听来可能很疯狂）是，广告只是为了"烧钱"。在互联网泡沫最严重的时候，一则招聘网站的著名广告展示了一只正在烧百元美钞的猴子。"广告烧钱"理论认为，只有利润极高的公司才把钱浪费在广告上。超级碗广告是这种高成本信号的巅峰，各家公司为一段时长 30 秒的广告支付超过 100 万美元的费用。还记得为什么雄孔雀长着华丽的尾羽吗，尽管尾羽会使它们更加笨拙，更容易受到攻击？因为只有最强壮的雄孔雀才能在这一障碍下生存。因此，雌孔雀认为华丽的羽毛具有不可抗拒的吸引力。同样，多力多滋希望，一旦你看到他们在销售自家美味的薯片方面如此成功，成功到他们可以在一段有趣的半分钟视频上烧掉一百万美元，你就会觉得他们的薯片更有吸引力。

和我自己的研究关系最为紧密的广告模式表明，广告有助于塑造我们与某种特定产品相关联的身份。广为人知的是，苹果公司曾将自己"非同凡想"的品牌身份与疯狂之人（特例独行者、叛逆者、惹是生非者、格格不入者）联系在一起。他们想让顾客相信，拥有一款苹果产品会让你成为这些人的一员。当你购买苹果产品时，重要的不是你买了什么，重要的是你是谁以及别人认为你是谁。

我们的消费塑造我们的自我形象，这是经济学中一个古老的观点，可以追溯到 19 世纪末的索尔斯坦·邦德·凡勃伦（Thorstein Bunde Veblen）。凡勃伦的有闲阶级论（*The Theory of the Leisure Class*）描述了我们对炫耀性消费的渴望：在财力的允许范围内选择最好的服装（随后是汽车和草坪），以便我们看起来像富人、行动也像富人。这一观点认为，每个人都在努力让自己看起来比实际更富有。其中的理念是，在对稀缺资源的竞争中，我们希望与那些拥有最多稀缺资源的人交往：富有的表象可以吸引更好的婚姻伴侣或商业伙伴。

这幅景象表明，时尚趋势（无论是服装的款式还是婴儿的名字）都源自精英阶层：富人开始穿着尖头鞋，或者给孩子取名艾登（Aiden），十来年后，每个人都在这么做。然而，我们认识到，现在人们希望被看见的愿望更为复杂。我和我的合著者乔纳·伯杰（Jonah Berger）、约格什·乔希（Yogesh Joshi）在最近的一篇论文中提出这样一个问题：为什么许多趋势实际上不是从"顶层"开始的，而是源自贫困或边缘人群，比如年轻的有色人种，或者同性恋和跨性别群体。在某种程度上，答案是：我们不再希望被认为是富人和有权势的人，而是被认同为某个群体。我们可以有无数个亚文化身份，除了被认同为精英，我们还想被认同为我们的群体。

数千年的基因进化让我们将自己与部落联系在一起，但今天，对于我们想要归属的部落，我们有更多的选择。我们购买的一些产品仍然与财富水平联系在一起。最常见的就是，在市场上数以千计的商品和服务中，最能推断你是否富裕的是你是否有一部苹果手机。大多数美国人（实际上是全球大多数智能手机用户）使用安卓（Android）系统，但这往往会让生活在"蓝色泡泡"中的美国人感到震惊，这些泡泡会告诉其他和你发短信的苹果手机用户，你也在使用苹果手机。这是因为苹果公司的品牌建设起到了作用。我们把苹果品牌与拥有自由精神的人和富有创造力的人联系在一起。我们想要被看作这样的人，我们想要和其他拥有这种身份的人交往。

当然，从我们给孩子取的名字，到我们穿的衣服，到我们的肥皂和香水的气味，再到我们携带的手提包和我们开的车，我们所做的每一件事和拥有的每一样东西都传达了我们的身份信息。我们也用自己的经历发出信号。我们通过校服和校戒传递出自己上的什么大学，我们通过社交媒体和圣诞卡分享自己的假期。我们看的电影和电视节目吸引着与我们身份相同的人，我们的媒体品位会在茶水间（现在更可能是 Slack①或社交媒体）闲聊时显露出来。即使我们在购物时并未刻意炫耀，但我们所有的消费选择都会影响他人对我们的看法。

但电影、苹果手机或手提包与信任有什么关系？答案是，我们的消费偏好是受到周围的人的影响的，具有相似偏好的人可能还有其他相似之处。在本书前面的部分，我们认为笑能培养信任，因为共同的幽默感意味着共同的价值观和共同的规范。现在，我们分享的不仅仅是笑话，还有媒体和我们的时尚品位，而这些线索有助于我们识别我们可以依赖的其他人。

信任经济的未来：共享经济与区块链

2013 年 7 月 23 日，美国联邦当局关闭了名为"丝绸之路"（Silk Road）的网站，这是一家在所谓的暗网（dark web）上出现

---

① Slack 是由美国软件公司 Slack Technologies 开发的专有商业通信平台。Slack 提供了许多 IRC 风格的功能，包括按主题组织的持久聊天室、私人组和直接消息传递。——译者注

的巨型在线商场。在该网站进行毒品和其他非法服务交易就像从亚马逊订购袜子一样容易。在该网站运营的两年时间里，15万名买家和4000名卖家进行了价值12亿美元的交易，这为网站创始人罗斯·威廉·乌布利希（Ross William Ulbricht）赚到了近1亿美元。

罗斯·威廉·乌布利希撰写了一份宣言，其阐述了他对创建一个自由市场盛行的在线自由主义乌托邦的愿景。他设想了这样一个市场：交易在匿名买家和卖家之间进行，只受供求规律的约束，而不受政府监管和管理现代经济正常运行的礼仪规范的约束。在现代经济中，大多数人去超市买一盒鸡蛋或一盒麦片时遇到的资本主义与罗斯·威廉·乌布利希倡导的自由主义乌托邦有很大不同。

在自亚当·斯密时代以来的大部分经济学历史中，市场的理想化版本是大量匿名买家和卖家在一个无摩擦的市场中进行无缝交易。然而，在现代经济历史的大部分时间里，交易不是匿名进行的，而是（最初）面对面进行的或（后来）通过受到信任的品牌进行的。这些交易受到合同、法院和监管机构的保护。"丝绸之路"网站意在表明，一个市场可以在没有政府干预或社会规范约束的情况下运行。

罗斯·威廉·乌布利希的市场取得的成功表明这是可以实现的。就创造一个无摩擦的理想市场而言，罗斯·威廉·乌布利希的市场并非绝对成功。他的市场和易贝等在线网站一样，向传统市场借鉴了许多技巧，比如第三方托管和名誉系统。但一个了不起的成功是：它只使用网站管理员可用的工具就能运作得这么好。

我们在前面的章节中看到，人类认知的局限性意味着我们一次只能掌握几百个实体的名誉。在史前时代，这意味着我们的部落仅限于小型群体。在大部分有记载的历史中，这意味着我们主要是与我们认识的人进行交易，或与其他同属一个宗教的人进行交易，或在一个民族国家的法律庇护下进行交易。21世纪最重要的创新之一是：市场或许可以在没有法律和道德约束的情况下运行，而在过去的几千年里，法律和道德约束帮助人们维持信任与合作。

但互联网带来了如此深刻的变革，这些变革已经开始从根本上改变信任在市场中的角色，甚至像不法毒贩这样的犯罪分子都能在"丝绸之路"网站上进行一定的交易。如今，这种信任是如此强大，以至于我们可以邀请陌生人使用我们的汽车（优步），住在我们家里（爱彼迎），指导我们选择餐厅和其他商业活动（Yelp）。

有两大理念与新共享经济有关：

● 买家可以信任匿名的在线卖家，因为在线系统擅长传播信息（正如中世纪法国的香槟集市中的法官那样）；在这种情况下，系统传播卖家的名誉，而名誉是信任的基础。

● 由于名誉更容易分享，公司解决信任问题的需求减少了；因此，公司可能解体，传统的大企业集团正被在线平台取代。

目前，科技界最大的热门就是区块链。对区块链的大肆宣传使得长岛冰茶公司（Long Island Iced Tea Company）更名为长区块链公司（Long Blockchain Corp），尽管他们的主打产品仍然是冰茶。他们只是想利用区块链的热度。区块链的基本前景是用算法取代信任。

共享经济中的在线名誉系统与平台

在互联网上，你是不是可以信赖是没人知道的。因此，我们需要系统来建立我们在网上的名誉。朝这一方向努力的第一步和最简单的一步就是：给每个买家和卖家分配一个数字，用以衡量他们的名誉。使用易贝和其他平台进行的实验表明：名誉系统允许陌生人进行交易，更高的名誉评级将带来更高的价格和更高的收入，而评级较低的实体将被迫退出市场。

这些在线评论系统蔓延到了网络之外的世界，像 Yelp 这样的网站使独立的餐厅有了获得比连锁店更高的市场份额的可能，而通过推特或在线应用程序投诉则使消费者在遇到糟糕的体验时更有可能得到回应。在线信任方面的创新仍在继续，能更好地总结用户评论的服务、对评级提起上诉的新流程出现了，以及更多针对用户口味差异的定制评级也涌现出来。

这种在线名誉系统可能在发展中国家产生更为深远的影响，使这些国家得以避开银行和信用卡等现代市场制度的发展。手机支付先于美国或欧洲在非洲和中国首先迅速流行，这使得第三方托管和在线名誉等数字功能在美国等地之外就先得以普及。

　　尽管大部分线上经济看起来与线下经济类似，都是由大公司制造或购买产品，然后卖给消费者。但是线上经济的关键特征之一就是：很多大型公司只作为中间商连接着买家和卖家，它们本身并不生产产品。典型的平台是像易贝这样的在线拍卖网站。亚马逊最初是一家采购并销售图书的传统公司，但如今，该公司一半以上的销售额来自像易贝那样的门户服务，即为其他公司提供销售渠道。

　　对像谷歌或脸书这样的公司来说，购买和销售的功能不那么明显，谷歌的搜索引擎主要是一种将搜索者与各家网站上的信息连接起来的工具，而脸书则是将人们与他人连接起来。谷歌和脸书都是通过免费产品吸引消费者，然后向商家收取广告费用来盈利。最近，更加"纯粹"的平台从所谓的共享经济中涌现出来。像优步这样的公司将需要出租车服务的消费者与想要提供打车服务的私家车司机连接起来。爱彼迎也为寻找住处的人提供了同样的服务。像繁荣市场公司 ①（ Prosper Marketplace Inc ）这样的公司把贷款人和借款人连接起来，基本上把个人变成了银行。像Doordash ② 或格鲁布 ③（ Grubhub ）这样的公司则把餐厅与想要订

---

① 繁荣市场公司是金融史上的首家 P2P 网贷平台，2006 年 2 月成立于美国加利福尼亚州。——译者注

② Doordash 是 2013 年在美国成立的食品配送公司。——译者注

③ Grubhub 成立于 2004 年，是美国历史最悠久的大型食品配送公司。——译者注

购送餐服务的人连接起来。

经济学家称这些将买家和买家连接起来的公司为平台，它们代表了一种新（颖）的市场构建方式。经济学中有一些很重要的思想都是关于不同的市场构建方式的。亚当·斯密对市场资本主义"看不见的手"的设想涉及数百万在一个完全竞争的系统中互动的个人买家和卖家。卡尔·海因里希·马克思（Karl Heinrich Marx）认为资本主义是权力的聚集，这一设想导致约瑟夫·阿洛伊斯·熊彼特（Joseph Alois Schumpeter）等其他思想家认为市场的自然趋势是走向垄断，即一家公司主导市场的一个特定部门。

平台是完全竞争和垄断的混合体。平台的目标是成为某个特定部门的一站式商店。优步希望成为消费者需要出租车时的唯一选择。他们的目标是成为垄断者。然而，优步也试图把卖家转换成亚当·斯密设想中的完全竞争中的一员：一种无差异产品的数百万个可互换供应商。

关于这种转换，人们一直存在争论。优步司机们提起了诉讼，声称他们应该算是优步员工，而不是独立承包商；包括Handy和爱彼迎在内的许多平台都一直面临类似的诉讼。关于一家公司可以进行多大程度外包的争论也一直没有平息。像苹果这样的大公司过去都雇用自己的清洁工，而现在，他们向另一家公司付费购买清洁服务。雇佣关系过去基于持续的信任关系，而新的雇佣形式基于市场关系。

转换的好处在于：它允许公司专业化。苹果公司会说，他们的核心竞争力是比任何公司都更擅长制造电脑和手机硬件。苹果公司不应该把时间花在学习如何提供清洁服务上。让其他人来处理这些服务，苹果公司就可以腾出手来专注于自己擅长的领域。这也为清洁服务企业家创造了提高清洁服务水平的机会。

　　然而，转换的代价是，它用短期的市场关系取代了长期的雇主 – 雇员关系。当人们投资于一种持续的关系时，大公司才能得以发展。记者尼尔·欧文（Neil Irwin）最近将曾经的巨头柯达（Kodak）公司与苹果等现代公司进行了对比。在柯达公司，清洁工的工资相对较高，而且有机会在公司内部接受教育和获得晋升。当一家公司雇用自己的司机或清洁工时，这种雇佣关系就会为双方带来长期投资。员工对公司进行投资，公司也对员工进行投资。缺点是，一旦你成为投资人，就很难离开，这降低了系统的灵活性。随着时间的推移，一名长期员工将变得不可替代。这使得长期员工有点像小型垄断企业。平台经济扭转了这种关系，恢复了公司 – 员工关系中的竞争。这些平台的本质是改变员工和员工工作之间的关系。通过转换员工的身份，平台使员工可以相互替代。

　　到目前为止，我们还没有讨论过信任方程的一个关键部分，那就是当关系破裂时什么会发生。在博弈论中，这被称为外部选择权。在商学院的谈判课上，我们称之为 BATNA（意为"谈判协议的最佳替代方案"）。例如，如果我的老板不给我加薪，我就会动用谈判协议的最佳替代方案，即跳槽到另一家公司。或者，如果我不能和这位汽车经销商谈成一个好价格，我就使用谈判协议的最佳替代方案，即去找街上的另一位经销商。能够确定别人的谈判协议的最佳替代方案是一种有用的商业技能，这一技能会帮助你了解自己在薪资谈判中或试图为自己的汽车争取一个好价格时能走多远。

但是，拥有一个理想的谈判协议的最佳替代方案会对信任产生一种双向的影响。一方面，拥有理想的替代关系意味着关系双方必须更加努力地展示自己的价值（可信赖性）。另一方面，拥有理想的替代关系意味着关系更加脆弱。如果坏事发生破坏了关系中的信任，一方或双方就更容易把目光投向别处。（稍后，在第五章中，我们将探讨在出现问题时道歉是如何修复关系的，以及我自己对优步平台所做的实验是如何体现道歉在平台经济中发挥作用的机制的。）

换句话说，选择过多对信任而言是不利的，因为过多的选择更容易让你放弃一段关系而转向另一段关系。同时，选择过少对信任而言也是不利的，因为如果我知道你没有其他地方可去，我就不必在这段关系中投资。平台在利用这两个极端方面做得很好。在一些互动中，比如使用优步平台时选择哪位司机，平台会提供大量的选项，以此降低服务成本。对于其他互动，比如消费者对平台的选择，平台则试图垄断市场。

互联网商务在兴起时带有浓厚的无摩擦市场的理想主义色彩。竞争只是一次点击，消费者将有无限的选择。这在某种程度上已经实现了。但是，在轻松挑选卖家的能力和一站式购物的便利性之间，一种推拉关系一直存在着。虽然早期的在线商务由亚马逊等几家巨头主导，但如今互联网上出现了越来越多将大量小型买家和大量小型卖家连接起来的平台。

优步、苹果应用商店（Apple App Store）和爱彼迎这样的平台将数百万买家和数百万卖家连接起来。这些平台擅长促进卖家之间的竞争。但在任何特定部门，平台之间的竞争都相对较少。如果你想找一位司机送你去机场，优步会将你与几十位距离你几分钟车程的司机连接起来。但如果你想使用优步以外的其他平台，你的选择将有限得多。也许是来福车，但也没有太多别的选择。平台创建体系并将你困在里面，这给了他们垄断权力。一旦平台拥有了垄断权力，平台进行创新和继续投资改善服务的需求就会降低。

平台用来为自己创造垄断权力的技术之一是上一节中讨论过的名誉系统。一旦你在平台上获得了良好的名誉或者建立了信任，买家或卖家离开你的可能性将越来越小。

平台集权化的趋势有利有弊。对消费者而言，拥有一家汽车服务或手机操作系统的一站式商店是十分方便的。我所有的朋友和家人都使用苹果手机，所以当我改用安卓系统时，很多麻烦就产生了。被困在一个单一的体系中更容易发展对该体系的信任。大公司会有更多资源用于创新。但与此同时，顾客被困在自己的体系中会导致公司的自满情绪。当你的客户无处可去时，他为什么还要投资于这种关系呢？

因此，当代经济提出了一种悖论：我们担心公司变得过于庞大，这样单一品牌将主宰整个部门；与此同时，我们也担心公司变得过小，只能依靠合同和市场获得它们曾经自给自足的服务

（如清洁服务）。自 20 世纪 90 年代的微软反垄断诉讼以来，如何保持这种平衡一直是经济学家们积极研究的领域，而随着总统候选人和其他公职人员在竞选演说中提及垄断权力，反垄断监管时隔很久再度成为政治话语的一部分。

区块链

如果共享经济是信任在 21 世纪的第一个重大范式转换，那么信任的下一个重大范式转换可能会是区块链。在所有围绕区块链的宣传中，可能被我们忽略了的是，区块链是我们信任方式的一场革命。

信任创新的第一个应用与货币有关，这并不令人惊讶。本书的这一部分首先讨论了货币，因为货币是现代市场经济最基本的构成要素，而这一特殊的构成要素建立在信任之上。人们经常把比特币说成是第一种数字货币，但这一称呼并不完全正确，因为包括美元在内的大多数现代货币基本上都是数字货币。经济学家称经济体中的实物货币（美元纸币和硬币）为 M0，而这只占广义货币供应量（M2）的 20% 左右。其余是数字货币，它们都被记录在美国和世界各地的银行的计算机数据库中。当我用信用卡买一杯 4 美元的咖啡时，这些钱是通过按键在银行之间转移的，而不是通过任何实物纸币转手。银行只是从我的账户中减去 4 美元，并在咖啡店的账户中加上 4 美元。美国和其他工业化国家在数年之前就不再需要搬运一袋袋纸币了。比特币的运作方式也是如此。不同之处在于，中本聪（Satoshi Nakamoto）设计的比特币将交易存储在区块链上，而不是存储在银行的数据库中。

区块链上的信息被分布在遍布世界各地的众多计算机上（以比特币为例，有数百万台），而不是将一系列交易存储在由单个实体控制的单台计算机服务器上。这就像拥有一个银行账户，但这个账户被复制了数百万次。一次交易一旦完成，你的比特币账户信息就会在数百万台电脑上得到更新，并且只有在大多数电脑允许的情况下该信息才能得到更改。虽然一个人可以入侵你银行的电脑，更改你的支票账户余额，但任何人都不太可能入侵几百万台电脑，而这正是搅乱区块链的必要条件。

因此，由于区块链的意义在于解决信任问题，因此我们值得花点时间思考区块链究竟可以帮助我们解决哪些问题。今天，我们想当然地认为创造货币属于政府的职权范围。然而，情况并非总是如此。在过去，任何人都可以开采黄金作为货币使用，尽管政府很快就开始垄断黄金供应。但原则上，任何人都可以选择开采黄金。我们用银行券（俗称"钞票"）一词表示货币，因为流通的纸币最初主要是由银行发行的。这种票据可以兑换黄金，并且由发行银行的名誉作保。一般来说，货币发行权之所以与政府联系在一起，是因为贪婪的政府为了自己的目的想要获得印钞的权力，但也是因为政府最容易让人信任。任何一家银行都可能违约，但从长远来看，国家政府往往更加可靠和值得信任。

近年来，一种新型货币的支持者们声称，他们已经用数学算法形式的技术解决了信任问题。货币的关键特征（赋予货币价值的特性）是稀缺性。黄金的稀缺性源自世界上的实物黄金数量稀少。法定货币的稀缺性是由各国政府维持的，它们在印钞时会保护自己的声誉，让民众认为自己公正且拥有清晰的判断力。更具体地说，被赋予这一职责的独立央行行长承担了维持货币稀缺性的工作。然而，尽管有这些机构帮助提高政府在发行货币的职能上的可信度，但这些机构仍然是由人管理的，而人是容易犯错的。

比特币和众多新的加密货币旨在解决上述问题。它们不依赖于对其他人或机构的信任，而是通过密码学来保护自身价值，并以对算法的信任为基础。比特币基于一本分类账，你可以把这本分类账想象成一个数据库，甚至只是一个电子表格。就像银行记录自己的全部客户以及他们有多少钱，就像雅浦岛岛民记录哪一个石币属于谁，就像前现代部落记录谁欠谁一个人情那样，比特币分类账记录每位用户拥有多少比特币。

当我想用比特币买东西时，我会授权分类账在我的账户减少1个比特币，并在别人的账户中增加1个比特币，这就像银行在我给某人开支票时转账一样。当然，你不希望有人私自篡改账户数据，你相信银行会把你的账目弄清楚，因为这关乎他们的名誉。长久以来，银行在富丽堂皇、令人印象深刻的建筑上投资，因为通过把资产花在像建筑物这样的不动产上，银行表明自己不会在夜里卷款潜逃。在现代社会，政府、执法和法治确保银行会履行自己的合同。

比特币则不同。它是由一个或多个化名中本聪的匿名人士发起的，据说中本聪是一位密码学专家，在黑客社区很受欢迎。这样的出身通常难以取信于人，但中本聪找到了一种方法，将信任建立在使这种货币成为现实的技术（他们开创的技术，即区块链）中。银行（包括央行）将自己的信息储存在某个中央服务器上，任何控制该服务器访问权限的人都有可能更改这些信息，而比特币则将自己的分类账零碎地储存在遍布世界各地的计算机上。没有一个人可以控制账本的访问权限，因此输入虚假交易信息十分困难。

比特币的运作方式与我们每天使用的美元和欧元等日常货币基本类似，只不过，你信任的不是央行的名誉和地方执法部门的公正执法，而是一种算法。我们有理由不信任算法，因为早期的加密货币已经因为使用的应用程序系统中出现错误而多次遭到黑客攻击。数百万美元的比特币和以太币（另一种加密货币）被盗。我们同样有理由怀疑比特币的可持续性，因为运行该算法所需的计算能力与一个小国使用的计算能力相当，尽管人们已经设计出了其他运行效率更高的加密货币。

我们大多数人（总之在发达国家）还是信任银行的，因此使用比特币和其他加密货币的优势尚不明确。而当你不信任银行和地方执法部门时，比特币就很有用。假如你生活的国家政府和制度都不稳定，或者你是一名罪犯，无法在传统的银行存储和转移你的不义之财，这时候比特币可能会很有用。因此比特币的主要用途之一就是在暗网上购买毒品和其他非法商品和服务。

通货膨胀和恶性通货膨胀对货币价值的威胁是贯穿本节的一个主题。比特币的支持者指出，这种货币的另一个设计特征解决了信任失效问题。比特币在设计之初附带了一个监管系统来控制比特币的数量。黄金由于开采难度高而能保持价值，但比特币和法定数字货币一样，实际上只是电脑上的几个 1 和 0。我们委托央行行长管理流通中的货币数量，而比特币依赖自身的算法。

通常，货币供应必须增长以跟上需求。随着货币被广泛用于交易，对这种货币的需求会越来越大。但如果货币供应量增长过快，通货膨胀就会出现，货币就会贬值。比特币不存在这个问题，因为比特币都是数字化的。如果交易数量增加，我们可以简单地调低价格的增量。例如，目前一个汉堡的价格大约为 0.001 个比特币。常规货币很难做到这一点：如果一个汉堡的价格为 0.001 美分，我们就需要铸造一种价值为千分之一美元的新型硬币。

此外，比特币的发明者设计这个系统是为了创造新的比特币，以补偿那些为该系统的运作提供计算能力的人。因为每一笔比特币交易都需要大量的计算努力来确保交易的安全，所以该系统的建立是为了让提供计算机执行这些计算的人获得新的比特币。

然而，新比特币的产生速度并没有跟上人们对这种货币的需求速度，这意味着这种货币的价值有时会飙升（产生通货紧缩和价格为千分之一比特币的汉堡）。有时候，市场会对比特币失去信心，导致比特币价值暴跌（产生通货膨胀和非常昂贵的午餐）。美联储努力使货币供应与需求相匹配，以保持物价稳定。但是比特币没有相应的监管机构，而价格的不断调整使得持有比特币具有风险和不确定性。

因此，比特币的未来仍有待观察，它的价值每年每月都在发生巨大变化。然而，在算法可以取代信任的领域，比特币背后的技术还有其他潜在的应用可能。此外，比特币的运作方式，就像雅浦岛上的巨型石币一样，有助于揭示那些我们习以为常的货币体系的内在运作方式。

当前的货币体系依赖大量的信任。最直接的是，该体系要求你相信银行会正确地记录你的资金情况。此外，它还需要人们相信像美联储这样的央行能够妥善管理货币的总供应量。通过在100万台电脑上复制你的信息，比特币无须信任银行。比特币拥有固定的算法，可以以稳定和可预测的速度发行新比特币，从而无须依赖像美联储这样的央行调控。

因此，对于那些不信任银行或美联储的人来说，比特币确实是有意义的。这种对机构的不信任在美国历史上根深蒂固，因此，有一群黑客分子坚信比特币是未来的货币，这点也不足为奇。在尼尔·斯蒂芬森（Neal Stephenson）1999 年的小说《编码宝典》（Cryptonomicon）中，他描写了如何用密码学来破解德国密码赢得第二次世界大战，以及一种加密货币（类似比特币）和一种无坚不摧的信息共享方式（类似区块链）如何将世界从专制政府手中拯救出来。

那些生活在专制或不稳定政权下的人，或者不法分子，是完全有道理不信任金融体系的。然而，对于我们这些有幸生活在像美国这样稳定的现代经济体中的人来说，我们非常信任银行和美联储，这是有数据支持的。回想一下我们之前关于投资的讨论，我们可以通过关注利率来直接观察市场上有多少人信任借款人。利率越低，信任水平越高。21 世纪以来，大部分时间里人们愿意以极低的利率借钱给美国政府，以至于美联储担心利率过低。换句话说，美联储让美国政府变得如此值得信任，以至于人们和大多数商业银行都愿意几乎免费借钱给美国政府。

犯罪分子则不然，他们往往很难找到可以信任的金融机构。犯罪分子经常用偷来的艺术品进行毒品或武器等非法交易，因为他们没有其他方式交易大笔资金。对他们来说，比特币是一个巨大的福音。

此外，虽然比特币从参与非法活动的人那里获得了大量初始用户基础，但在中央政府或银行系统不可靠的国家，比特币有更多合法的潜在应用。这些国家在很大程度上已经广泛地使用美元，但比特币可能是一种可行的替代品。

一些人不信任美联储的另一部分原因是他们认为美联储没有供应足够的货币以跟上经济增长的步伐。比特币在这方面没有什么帮助，因为它只是以固定的速度增长，无法（过多地）适应经济繁荣和衰退的起伏。

最后，区块链比银行里的人更值得信任，因为比特币的安全性是由算法保证的，这一想法要求我们对算法寄予极大的信任。虽然这些算法在理论上很难操纵，但我们都熟知软件因计算机代码中的漏洞而遭黑客攻击的频率有多高。比特币及其最接近的竞争对手以太坊（Ethereum）已经遭受了几起备受瞩目的黑客攻击，这导致价值数亿美元的加密货币被盗或丢失。虽然软件已经得到了改进，从理论上看可以更安全，但我认为很多人还是更相信我们的银行，而不是相信这个复杂的软件不会再次遭受黑客攻击。

　　使用区块链来存储我们所需要的大部分数据会产生高昂的成本，这一点看起来并不合理。银行仅用一台计算机服务器（也可能是几台，用于备份）就能够保存所有数据，而区块链则需要数百万台计算机。分散这些数据需要消耗大量能量。其中一部分能量来自每个区块链服务器为表明自己值得信任而做的无意义的数学运算。回想一下，我们的信任模型表明可信度需要付出成本高昂的牺牲。解决毫无意义的数学问题就是这种牺牲的一个极佳例子，但这些计算需要能量，而消耗这些能量会导致气候变化。很多事情都需要能量，如果它被用在重要的工作上，那么消耗能量本身并没有错，但就目前而言，银行计算机可以用更少的资源完成区块链的工作。

　　你可能已经注意到，我对比特币以及更广义的区块链多少有点怀疑，我认为比特币仍然有很多问题需要解决。比特币试图解决的主要问题是信任，我希望你能从本书前半部分中了解到，人类几千年来一直发展制度来为信任提供保障。我们在相互信任方面已经表现得相当不错。

　　但我依然对未来持乐观态度。虽然我在比特币身上看不到多大潜力，但区块链技术可能会在其他应用中有所帮助。近年来，许多公司通过首次代币发行（Initial Coin Offerings，简称ICO）赚了很多钱。首次代币发行是指公司发行加密货币，为新公司筹集投资资金。就像熟食美元一样，这些公司发行这些虚拟货币来筹集资金，并承诺之后会向投资者返还这些资金。然而，这并不是一种全新的融资方式，因为公司发行股票和债券也可以达到同样的目的。首次代币发行只是允许公司以较低的成本筹集资金。然而，成本降低的主要原因是由于绕过了美国证券交易委员会旨在保护消费者的规定。绕过不必要的规定可能有一定意义，但许多规定是有价值的，不能轻易被忽略。首次代币发行允许公司以更低的成本筹集资金，但代价是削弱了消费者的权益保护。美国证券交易委员会已经开始打击这种做法。

在人们确实无法信任政府的情况下，区块链的应用方式依然是重要且有价值的。例如，如果专制政权下的公民们想要开发一个社交网络，但又担心政府的监控，区块链就可以为他们的数据提供一个安全的避风港。一家公司可能尝试保护隐私，但即使它遵纪守法，拥有最尖端的加密技术，也无法与政府抗衡。将数据存放在区块链上将使保护数据的算法（在一定程度上）更加透明。

黑客可能通过攻击选举系统获得巨大收益，即使在最稳定的民主国家，人们也有理由不信任那些能够直接接触选举结果的人。这时这种去中心化的区块链可能会有帮助，只要你能相信算法本身。无漏洞的算法被证实能够完全抵御黑客的攻击，但是尽管现在算法已经取得了进展，却依然很难达到完美水平。随着计算机科学的进步，我们对算法的信任可能会提高。也许区块链是信任经济的下一个阶段，我们最终会更加彻底地信任算法。但我们对彼此的信任也在提升，这可能会对算法构成竞争。

在线互联网商务、平台经济和区块链领域最近的创新改变了技术和信任的关系。平台和区块链都提供了计算捷径以确定谁值得信任，不过这都需要建立在信任新技术的基础上。尽管如此，它们在很大程度上还是符合我在本书中的描述：技术的发展将我们的信任圈从我们的直系亲属和部落扩大到了国际社会中越来越多的区域。

虽然数千年来信任模式不断扩展，但这一趋势最近出现了一个小插曲。尽管我们对彼此的信任有所提高，但我们对专家和机构的信任却开始动摇。近几十年来，我们可以看到对政客、科学家、医生和经济学家的信任度在不断下降。我们将在本书的下一部分探讨这种下降的原因，我们还将研究技术创新是如何削弱信任的。

第四章

该不该信任专业知识

TRUST

对现代文明而言最关键的考验或许是，我们在 150 人的小部落和群体发展出来的生物和文化本能是否能够适应成员达数十亿人的全球社会。在人类历史上，我们第一次拥有了这样的技术。如果使用不当，这不仅会对全人类，还会对整个地球造成毁灭性的后果。应对这些挑战需要全人类齐心协力、精诚合作，而做到这一点需要全球范围内的信任。

我写本书的部分原因是人类文明中有关信任的故事给了我希望。我们生来就会信任他人，但我们也生来就有只信任少数人的本能。几个世纪以来，我们发展的本能、工具和制度将我们的信任圈扩大到数百万人——以至于我们几乎没有注意到这是多么奇怪：当我们在电脑屏幕上点击时，我们信任一位在地球另一边的匿名卖家会给我们邮寄某样玩具或小玩意儿。我们信任运输体系会在几天内将玩具送达，我们信任银行会处理付款。我们信任玩具本身是高质量的、无毒的、安全的。所有这一切都是通过对（执行合同和法规的）法治的信任、对品牌的信任、对在线名誉系统的信任，以及对市场会规范所有这些交易的信任而实现的。

历史表明，正如我们在生产食物、药品、各种工具和技术等方面表现得越来越好一样，我们在建立信任方面同样表现得越来越好。然而，当我开始进行这个项目时，另一种情况出现了：对专业知识的不信任日益增长。我们对彼此的信任可能在增加，但我们对专家的信任似乎在减少。

然而，数据描绘了一个更加复杂的故事。自 20 世纪 70 年代以来，皮尤研究中心（Pew Research Center）一直在调查美国人对各种机构的信心。研究人员询问人们对不同机构的管理人的信心水平。1973 年至 2018 年，表示自己对媒体充满信心的人的比例从 20% 以上下降到了 13%，对医学的信任从近 60% 下降到37%。对联邦政府的信任度已从 1964 年的 77% 下降到了 2018 年的 20%，其中 20 世纪 70 年代的信任度在 30% 左右，20 世纪 90年代的信任度低于 20%，中间出现了数次起伏变化。

另外，人们对一些机构的信任有所提升。对军队的信任从20 世纪 70 年代的不到 40% 增加到了 2018 年的 60%，而对科学界的信任在同一时期内一直相对稳定，在 40% ~ 44% 之间浮动（见图 4.1）。

我们将在本章讨论一些对专业知识的信任度不断下降的例子，包括以下内容：

● 尽管科学家们更加确定，许多美国人仍在怀疑气候变化的科学性。

● 对政客的信任（诚然从来都不是很高）已经跌至新低。

● 无论是在发达国家还是在发展中国家，对医学的信任都有所下降。

● 现在许多美国人认为所有和自己意见不一致的新闻都是假的。

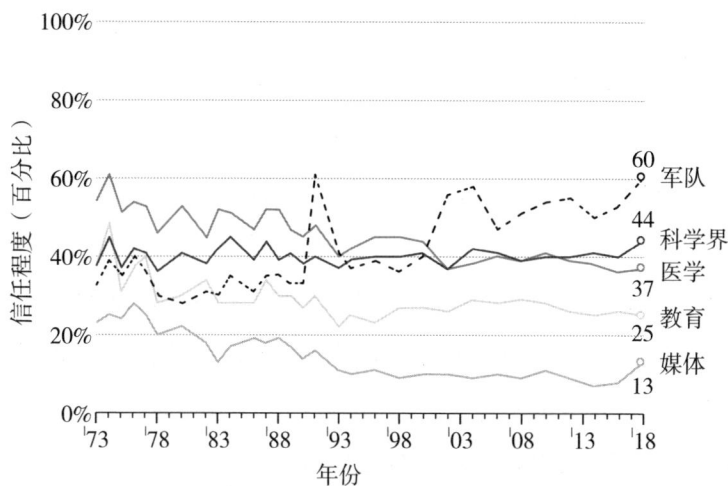

图 4.1 成年人对不同机构的管理者的信任程度（百分比）

说明：对军队领导人的信心有所上升；对其他一些机构的信心正在下降。
来源：Pew Research Center（2019）.

　　我们将在接下来的几节中深入研究这些例子。我们想知道这是否是一种暂时的反常现象（几十年不过是历史长河中的一瞬），如果不是，那么后果是什么？这样的后果能否避免？我们想知道，这是否是系统性的变化？还是说，每个机构的信任度下降都是因为自身的原因？应对当今社会的挑战需要的合作比以往任何时候都多，而更多的合作需要更多的信任。

　　关于专业知识的信任度面临危机的原因，出现了一些共识：

　　第一，我们现在拥有比以往任何时候都多的选择。更多的选择意味着寻找第二种意见更加容易，这将减少你对已有关系进行投资的动力。

　　第二，追溯到我们早期的部落制度和宗教的起源，许多信任源于对他人的恐惧。随着世界的联系日益紧密，对他人的恐惧可能会变得不那么明显，因此，我们失去了一个促进信任发展的因素。

第三，有机会获得更多信息和接受更多教育意味着我们可能会对自己的看法过于自信，重视自己的看法胜过专家的看法。调查发现，受教育程度更高的人和花更多时间在互联网上阅读的人对科学的误解会增加。其次，现代社会中人们归属的群体也导致了过度自信。互联网为我们寻找"我们的部落"提供了更理想的手段，因此，我们不再被迫与和我们不同的人互动，而是可以与和我们相同的人建立更紧密的关系。

我们将围绕不同的机构（具体而言是政治、媒体、医学和科学，特别是气候科学）研究这些主题，尽管我对如何研究没有任何答案。我们还应该注意到，在唐纳德·特朗普（Donald Trump）总统执政的头几年，信任下降的趋势似乎出现了逆转，人们对媒体的信任显著增加，对许多主要机构的信任也有所增加。现在判断这是一种长期的趋势变化还是仅仅是一种还为时过早的暂时现象，但这绝对是一个乐观的走向。即使我们无法完全解释最近的信任发展趋势，但理解信任在这些机构中的作用是解决这个问题所需的第一步。

政　客

我过去认为，教育将成为治疗一切社会弊病的良药。教育将通过对个人的提升来消除贫困和不平等。教育将通过创造一批能够做出正确选择的明智选民来"修复"民主。但是如今，新闻头条充斥着对民主命运的可怕警告，而选举则受到了民粹主义煽动者、假新闻和外国势力的影响。

请看在美国，人们对政府的信任度是如何下降的（见图4.2）。

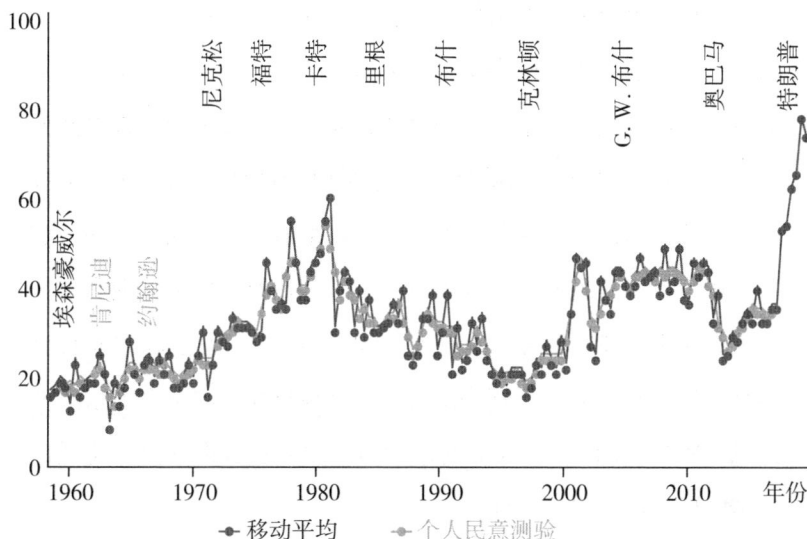

图 4.2 公众对政府的信任：1958—2019

资料来源：Pew Research Center (2019). Public Trust in Government: 1958–2019. April 11.

当然，这些担忧都不是新出现的。人们只要看看音乐剧《汉密尔顿》（*Hamilton*），就会想起 18 世纪的性丑闻、假新闻和流言蜚语对选举的影响。在美国开国元勋之一亚历山大·汉密尔顿（Alexander Hamilton）为乔治·华盛顿（George Washington）所写的告别演说中，他对外国的纠缠提出了警告。他担心法国干涉美国的政治，并警告称"外国势力乃是共和政府最致命的敌人之一……由于存在着无数种外国势力影响的途径，这种依附关系尤其让真正开明和独立的爱国者感到担忧。它们提供了多少机会来破坏国内的派别，来实行诱惑的艺术，来误导公众舆论。"

在起草《美国宪法》的过程中，起草者对信任进行了很多思考，这反映出对政府的信任是一个历史性问题。我们讨论了《美国宪法》在发布将近两个半世纪之后仍然具有的持久作用。在本节中，我们将重点讨论《美国宪法》如何在选民和候选人之间分配权力。我们往往认为共和式民主是由选民和民选领导人组成的，当然，即使只是这两类人实际上也很复杂。美国建国的最初几十年，大多数人不被允许投票（当时，投票权仅限于拥有财产的人，主要是 21 岁以上的白人男性）。同样，大多数政府官员不是被选举产生的。最高法院的法官是终身任职的（今天依然如此），参议员是由州长任命的，大多数联邦官员都是由总统任命的（同样，今天仍然如此）。

信任政客

民主制度的核心问题之一是选民和当选者之间的权力分配。人们往往不信任高度集中的权力。发生在 20 世纪初的进步运动极大地推动了美国从《美国宪法》中更加共和的制度转向一种更直接民主的制度。最初，美国参议员由州长任命，总统则由一个委员会（即选举人团）选出。但在当时，选举人没有被明确要求或暗示要按照全州普选结果进行投票。进步运动使参议员和总统的选举方式发生了变化：今天，参议员是由人民直接选举产生的，而选举人团的选择更能直接反映人民的投票结果。进步运动的遗产之一是被称为创制和复决的直接民主制度，即由选民直接制定政策。这种直接行使民主权利的做法在加利福尼亚州等州仍然发挥着重要作用。

但多大程度的直接民主对社会而言是有益的呢？美国国家科学基金会（National Science Foundation，简称 NSF）最近的一项调查显示，大多数民主党人称太阳绕着地球转。或者，即使他们知道地球绕着太阳转，也不知道地球绕着太阳转一圈需要一年时间。在同一项调查中，大多数共和党人称自己不相信进化论。你不得不思考，选民应该在多大程度上在政策制定问题上享有发言权……

无论如何，我都同情这些调查员。这项调查声称：发现大多数民主党人认为太阳绕着地球转，这个结果或许并不能说明民主党人对科学的无知到了令人震惊的程度，而只是意味着大多数人只是在随机电话调查中随便给出一个答案。此外，约翰·G.布洛克（John G. Bullock）等人 2013 年进行的一项实验发现，当你就"奥巴马执政时期的失业率高还是布什时期的失业率高？"这种带有党派色彩的客观问题对人们进行调查时，人们会毫不意外地给出带有党派色彩的答案。然而，如果你问他们同样的问题，但在答对时给予金钱奖励，党派偏见就会消失。这表明我们的党派忠诚也没有那么强。然而，我确实认为，在一般情况下我们对大多数问题的认识的确相当浅薄，原因是我们相信自己对世界的看法，不是因为这些看法源自我们自己的观察，而主要是因为它们源自我们信任的人。

我认为选民通过投票展示自己的价值观是有道理的。我们需要民主制度积极回应选民什么是优先事项：例如，如何在消除贫困和抗击气候变化之间分配资金，或者如何解决公民权利等道德问题。但当我们试图通过立法解决科学可以回答的问题时，问题就会出现，比如一个小镇试图通过一项法律宣布圆周率等于 3。

有一个问题最能说明做出正确的政策选择需要多少信息，这个问题可以从我们每天都在使用但很少在意的两种商品中看到：玉米和汽油。每一个被我告知这项统计数据的人都会感到惊讶：美国种植的玉米中有近一半被转化成了乙醇（基本上就是玉米伏特加）并被添加到汽油中。我们加入汽车中的汽油大约有 10% 来自玉米。

你可能在流行文化中了解过将玉米乙醇当作汽油使用的故事。例如，由阿伦·索尔金（Aaron Sorkin）担任编剧的电视剧《白宫风云》（*The West Wing*）用了整整一集的篇幅讲述政客们仅仅因为艾奥瓦州（Iowa）在总统选举中的重要性而支持使用玉米生产乙醇，而乙醇政策只是为了迎合艾奥瓦州的玉米种植户。如果这个话题真的出现了，我认识的大多数人都会认为乙醇补贴是愚蠢的，他们可能会赞成取消补贴。我过去也同意取消乙醇补贴，尽管这是为数不多的得到两党民选代表广泛支持的事情之一。

我是白宫经济顾问委员会（White House Council of Economic Advisers）首席能源经济学家。我的工作是帮助起草当时正在国会接受审议的乙醇立法并就该立法提供建议。那时，我对美国乙醇政策的了解可能胜过任何人，我对该政策是好是坏的看法每天都在改变。

因为人们担心在甲基叔丁基醚（methyl tert-butyl ether，缩写MTBE）泄漏中发现的致癌物而提起诉讼，乙醇因此取代MTBE作为汽油中的氧合物，为了真正理解乙醇政策，我必须理解这个背景。我从美国贸易代表口中得知，乙醇关税是美国贸易谈判中的一个重要谈判筹码。我从科学文献中了解到，乙醇的燃料经济性是汽油的三分之二，但汽油辛烷（汽油中的化学物质，用于检测汽油的质量）值更高。我还了解到，乙醇会增加对发动机的腐蚀（但符合现代标准的汽车不会受到影响），而且乙醇会增加对管道的腐蚀，因此有时不得不由卡车运输。

乙醇对气候变化的影响是不明确的，对数十项研究进行的统合分析表明，随着时间的推移，这种影响已经随着技术的进步而改善。乙醇影响农业经济，但对玉米价格的影响相当小，尽管新闻头条将墨西哥的玉米饼价格上涨归咎于乙醇政策。美国法律中的一项生物燃料条款导致印度尼西亚由于对棕榈油需求的增加而大面积毁林。这一毁林行为是近年来温室气体排放量大幅增长的最大原因之一。总而言之：我花了几个月甚至几年时间来真正了解乙醇政策的细节，而在整个过程中，我发现自己的观点随着每一个新事实的出现而改变。对于把含有10%的玉米乙醇的汽油强制出售给消费者的政策，我们期望选民表态，但现在在我看来这似乎很疯狂。

我之前说过，我过去认为，教育是实现民主的关键，教育选民将使他们能够做出让政客提高责任心的决定。但为了做出有关乙醇的明智决定，我花了大量时间收集足够的信息。指望每个人都能在某一个问题上了解这么多是完全不切实际的，更不用说还有无数其他的问题。这就是专家存在的意义。我们并不期望每个人都知道如何修理自己的汽车；大多数人把自己的车送到机械师那里即可。而在代议民主制中，我们选举领导人来替我们做决定。

然而，我们仍然很乐意根据候选人在玉米乙醇等问题上的立场来评判他们。至少在《白宫风云》关于玉米乙醇的那一集里，它是总统竞选中很受欢迎的一部分，而且很可能确实对谁赢得艾奥瓦州预选产生了影响。《纽约时报》的一名记者最近表示，在他所报道的历年美国总统大选中，2020年的选举是第一次乙醇没有成为初选辩论主要内容的大选，这很是令人惊讶。还在读研究生的时候，我曾在每个选举日之前和一群博士生聚在一起，讨论许多关于印第安人赌场税、财产税和公共交通补贴等问题的表决提案。这群博士生（一些在世界上最顶尖的研究型大学之一受过最高等教育的人）几乎无法读懂这些提案的完整描述，更不用说形成一个深思熟虑的、信息翔实的意见了。这可以理解。我们所有人都很忙。那么，作为选民，我们怎么能相信自己能做出这些复杂的决定呢？

幸运的是，还有一些希望。虽然要求选民来决定政策可能是不现实的，但他们至少有机会做一份合理的工作，即决定哪些代表是值得信任的。在一场总统竞选辩论之后，评论员们通常会花几个小时来分析总统候选人的肢体语言、面部表情、停顿、微表情和遣词造句。

高傲的权威人士经常抱怨媒体沉迷于这些细节，并坚持认为选举结果应该基于候选人的回答来决定。虽然在堕胎或持枪等一些政策问题上，答案的确很明显，这些足以让选民选择与自己拥有相同政策偏好的候选人。但在大多数问题上，对选民而言，更重要的不是关注候选人支持的具体政策，而是弄清楚哪位候选人和自己价值观最接近。政策细节没有那么重要，在大规模选举中也不应该那么重要。但是人们过分关注政客的数字是否合理，或者他们的声明是否总是准确无误。就像玉米乙醇问题一样，选民永远不会有时间来完全消化与政策立场相关的所有细微差别。即使是实际上围绕堕胎或持枪的政策辩论也涉及背景调查、心理健康规定和医疗例外等细微差别。大多数选民不会花几个小时（或几年）去掌握细节。相反，对他们来说，在获得充分信息的情况下，确定与自己拥有共同价值观并会做出与自己相同的选择的候选人是谁更有意义。用博弈论和经济学的语言来说，选民应该选择与自己偏好一致的候选人。用本书的语言来说，选民应该选择自己可以信任的候选人。

幸运的是，正如前几章所详述的那样，数千年的生物和文化进化赋予了我们本能和系统来决定信任谁。不幸的是，为了达到自己的目的，狡猾的营销人员和政治顾问可能会颠覆这些信任本能。

关于这一点的一个有趣测试是基于有限的信息迅速对政治候选人做出判断。受试者在观看了一段10秒钟的无声视频后，能够以惊人的准确度预测究竟哪一位候选人会获胜，这段视频中出现的是参加州外（即不熟悉的）州长竞选的两名相互竞争者。换句话说，仅仅通过观察候选人的外表、手势和动作，受试者就能预测选民选择了哪位候选人。有两种思路可以解释这个结果。一种乐观的看法是，候选人的可信度在 10 秒钟之内就能展示出来，选民接收到这些信息之后做出了决定。一种不那么乐观的看法是，政客们尽其所能让自己看起来更值得信任，而选民被这些表象欺骗了。不管怎样，这证明了当我们投票时，这些非语言线索起着重要作用。

就我个人而言，我认为根据候选人的可信度对他们进行选择是一件好事。当被要求回忆领导人的政绩时，例如，罗纳德·威尔逊·里根（Ronald Wilson Reagan）执政时期的通胀水平高还是威廉·杰斐逊·克林顿（William Jefferson Clinton）执政时期的通胀水平高？我们的回忆往往受到党派偏见的影响。当倾向于民主党的受试者被告知某项政策是由民主党人提出的，他们会予以支持。当他们被告知同一项政策是由共和党人提出的，他们会表示反对。正如我们曾经用宗教来决定信任谁一样，今天我们用政党附属关系来决定信任谁。我不认为作为选民的我们特别擅长做政策决定，还是尽量挑选一位优秀的代表吧。

同时，我们都认为，将所有决策权都交给领导人是危险的做法，即使他们是通过民主选举产生的。问题是：在做政策决定时，我们什么时候应该信任领导人，什么时候又应该信任选民呢？

政客与官僚

作为一名教师，我多年后遇到以前的学生，听到他们还记得我在课堂上所讲的内容，这总是让我感觉很不错。在我自己的政治学研究中，我记得最清楚的一句话是，衡量民主制度力量的最重要指标不是投票的内容，而是不允许投票的事项。仔细想想就会发现，在美国，不需要投票的事项数量惊人。最有代表性的是，最高法院法官是终身任职的，几乎不会被追究责任。同样，美联储委员的任期为 14 年（超过任何总统的任期），并且他享有与最高法院法官类似的独立性。

不仅大国拥有这种制定政策的广泛自主权，小国也是如此。虽然国会制定的法律决定了政策的总体轮廓，最高法院的裁决也得到了广泛关注，但政府的大部分职能都是在人们的视线之外发生的，比如在较小的法庭案件中，在低收入官员起草的数千页法规中（这些官员很少对自己所写的内容负有直接责任）。一些法规受到质疑，然后在法庭上由终身任职的联邦法官进行辩论。但除了一小部分法规之外，大多数法规从未得到绝大多数选民的注意。也许事情就应该是这样。

在博弈论中，我最喜欢的一个模型是由埃里克·S. 马斯金（Eric S. Maskin）和让·梯若尔这两位诺贝尔奖得主编写的。二人均以自己复杂的数学建模技术著称，但在他们的论文中，我最喜欢的一篇使用了相当简单的高中代数知识。论文提出了一个重要的问题，即我们应该信任谁来做决策：选民、民选代表，或非民选官员和法官？事实证明，答案取决于政策问题的类型。

　　他们的模型提出了一种简单的博弈，这种博弈考虑的是一组选民和一名政府官员。然后，该模型提出了一个问题：对于某个政策选择，如果该政策分别由选民、民选政府官员和非民选官员决定，什么情况会发生？社会的运行离不开各种各样的政策，从谁必须纳税（以及交纳多少税），到什么应该受到监管，再到什么社会项目应该得到资助。虽然那些必须由各国政府决定的政策在许多方面存在差异，但埃里克·S.马斯金和让·梯若尔只关注其中三个方面：

　　● 选民对问题的理解程度（这取决于选民对问题的熟悉程度和问题的技术复杂性）。

　　● 博弈中的官员更重视的是掌权还是服务于更大的利益。

　　● 选民需要多长时间才能知道官员的选择是好是坏。

　　例如，在堕胎这样的问题上，选民相对而言更熟悉堕胎政策的技术细节，比如堕胎禁令可能是什么样子，而且他们更有可能预测出堕胎禁令生效后的状况。相比之下，有关乙醇政策的选择具有很强的技术复杂性，这一复杂性对大多数选民来说是模糊的，而且乙醇政策的后果很难预测（乙醇政策对气候变化的影响可能在几十年内都不明确）。

　　我们在本书中的观点是：政策决策是一种信任行为，需要找到一个我们可以依赖的值得信任的代理人。这是一种需要冒很大风险的信任行为，因为政策制定者做出的选择可能会对选民的生活产生重大的影响，但选民自己很难对政策选择进行评估。归根结底，政府的目的是为人民服务，因此，当人民把代表自己做出选择的权利交给特定的官员时，人民是在冒险。政府官员可以通过为选民做出正确的决定来表明自己值得信任。然而，有时候官员的信息更全面，会做出公众不喜欢的选择。毕竟，如果官员们只做出受欢迎的选择，那么官员就没有必要存在，我们还不如实行直接民主。

该模型假定官员有时候诚实，有时候贪赃枉法。贪赃枉法的政客只关心他们自己的权力，也就是他们的政治生涯和连任。而诚实的政客只想做最好的事。实际上将人分类不那么容易，因为在任何特定的时刻，一名政客都可能会做出更自私的选择，或者可能做出有利于更大利益的选择。

史蒂夫·莱维特（Steve Levitt）展示的一个例子很好地说明了这一点：选举之前，政客们会在街上部署更多的警察。史蒂夫·莱维特发现，当街上出现更多警察时，人们会感到更安全，因此更有可能再次选择现任政客。有时候，花钱增加警力符合市民的最佳利益，但在其他时候，这只是赢得连任的一种伎俩。问题是，选民们很难弄清楚在某个特定的时间点到底是哪种动机在起作用。

在该模型中，无责任的官员（比如最高法院法官）只会按照自己的意愿行事，无论是贪赃枉法的意愿还是诚实的意愿。一位想要连任的民选官员希望在政策决策中表明自己值得信任。这将产生有利和不利的结果。一方面，它使贪赃枉法的政客至少在一定程度上对人民的需求做出积极回应；但另一方面，它使诚实的政客想要迎合人民。一位诚实的民选官员可能知道更好的做法，但如果该做法不受欢迎，他会选择不采取这一做法。他们会这样想：应该暂时迎合选民，建立选民对自己的信任，这样他们就可以再次当选，并在未来做更多的事情。如果迎合选民会导致不利的后果，那么指派一位非民选官员，让他按照自己的意愿行事会更好。然而，在选民相对了解情况或政客需要更多约束的情况下，我们应该让民选官员来根据选民意见做这些决定。

　　与经济学中的任何事情一样，我们信任谁（选民、政客还是官僚）是一个权衡取舍的问题。制定正确的政策需要两样东西：关于政策的正确信息和正确的意图（诚实的意图而不是贪赃枉法的意图）。毫无疑问，我们的领导人比选民更了解情况，但领导人也可能有错误的意图。我认为我们的当选领导人的意图比我们认为的要好。对贸易关税的研究表明，政客们大多会做出符合选民最佳利益的政策选择，而牺牲自己的个人利益。但毫无疑问的是，有时政客做出的选择更符合他们自己的利益，而不是选民的利益。因此，我们面临两种情况：是赋予选民一些决策权，并冒险让他们在未掌握全部信息的情况下做出选择；还是赋予无须负责的官员（法官或官僚）一定决策权，并承担迎来一个贪赃枉法的独裁者（至少在他们自己的小领域中）的风险。

　　有时候，对一位官员来说，做正确的事情不仅仅需要比选民掌握更多信息，还需要平衡大多数选民的利益和少数选民的利益。一个迎合选民的官员会偏袒大多数人的利益，即使少数人的代价大于多数人的利益。

埃里克·S.马斯金和让·梯若尔简要地总结了他们的模型的结果：

> 1.问责制有两个潜在的好处。它允许选民罢免那些自身利益似乎与选民利益不一致的官员；但也促使这些官员表现得好像自己的利益与选民的利益是一致的（通过前瞻或部分迎合选民）。2.然而，问责制可能会鼓励官员迎合选民而忽视少数人的利益。3.在下列情况下，非问责制是最理想的：（1）选民对最佳行动了解不多；（2）获取与决策相关的信息所需的成本高昂；（3）对决策质量的反馈缓慢。因此，特别是技术性决定，最好由法官或指定的官僚做出。4.最重要的决定应该由民选官员做出，而不是由无须负责的官员做出（尽管就这些决定而言，直接民主可能比代议制民主更有优势）。5.相比负责任的官员的自由裁量权，无须负责的官员的自由裁量权应该受到更大的限制。6.当多数人的偏好很可能对少数人造成巨大的负外部性时，无须负责的官员的意见更可取。然而，在这种情况下，代议制民主比直接民主更理想，而对适度概率的负外部性而言，代议制民主可能构成两个极端之间的理想妥协。

综上所述，埃里克·S.马斯金和让·梯若尔提出了以下权力划分：

● 在选民充分了解信息的情况下，直接民主是最好的选择。我们应该对有关价值观的问题进行全民公投，也应该对可能产生明确结果的其他政策问题进行全民公投。

● 在某些问题上，如果决策错误可能造成非常严重的后果，那么这些问题应该由总统等民选官员或国会来决定。

● 当我们需要保护少数人的利益时，我们应该依靠无须负责的官员，事实上这往往是最高法院和其他司法官员的职责；但我们也应该限制无须负责的官员的权力范围（正是因为他们不承担民主责任）。

实现民主很难。制定政策需要大量的专业知识。这并不是说选民无法获得这些专业知识；只是期望他们获得这些专业知识没有意义。亚当·斯密指出，资本主义的核心是劳动分工。就像我们有专业人员为我们烤制蛋糕或修理汽车一样，让专业人员为我们制定政策是有道理的。但权力会导致腐败，因此我们需要知道谁值得信任。那么我们应该相信谁来制定政策：选民、民选代表，还是无须负责的官员？代表和官员比选民拥有更多专业的知识，但我们无法始终相信他们的行为会符合选民的最佳利益。事实上，如果我们设计的旨在激励官员的问责制度导致了迎合，这就适得其反了。因此，在一个民主国家，应该信任谁来做出决定要视情况而定，而且会因问题不同而变化。宪法设计得最好的部分是在选民、民选代表和无须负责的官员之间分配决策权。

媒　体

如今，在大众舆论中，对事实、真相以及我们所知道的东西存在很多争论。很多人关心人们对疫苗、进化或气候变化的看法。我们相信的很多东西来自我们在新闻中读到的故事。在2016 年美国总统大选期间，有关教皇方济各（Pope Francis）支持唐纳德·特朗普的虚假报道，和希拉里·克林顿（Hillary Diane Rodham Clinton）经营的一家比萨店存在儿童性交易团伙的虚假报道被广泛传播。Buzzfeed [①] 的一项分析发现，在脸书上关于 2016 年美国总统大选的最受欢迎的 20 条新闻中，只有一条来自合法网站，其余全都是假新闻。

当然，这不是一个新现象。2007 年，美国民意调查机构拉斯穆森民调（Rasmussen poll）的一项调查发现，35% 的民主党人认为乔治·沃克·布什（George Walker Bush）总统预见到了"9·11"恐怖袭击，并选择不采取任何行动。

再往前追溯，任何看过最近的音乐剧《汉密尔顿》的人都知道，亚历山大·汉密尔顿的政治生涯因性丑闻而告终，而这项性丑闻涉及泄露给媒体的虚假报道。此外，骗取了许多人信任的虚

[①]　BuzzFeed 是一家美国的新闻聚合网站，由乔纳·佩雷蒂（Jonah Peretti）于 2006 年在纽约创立，致力于从数百个新闻博客那里获取订阅源，通过搜索、发送信息链接，为用户浏览当天网上的最热门事件提供方便，被称为是媒体行业的颠覆者。——译者注

假报道不仅仅是关于政治的，比如最近的一部纪录片的记录对象们就相信地球是平的。我在自己的一些研究中发现，有关鲨鱼袭击的媒体报道与鲨鱼袭击的实际次数无关。人们对鲨鱼袭击的恐惧程度取决于他们在新闻中读到的鲨鱼故事的数量，但媒体对鲨鱼袭击的报道更多地取决于新闻周期中的其他因素，而不是鲨鱼的实际威胁。

所以，如果我们在媒体上读到的故事并非总是可信的，那么我们能做什么呢？瓦萨学院（Vassar College）有这样一句口号，即"去找源头"，但我们不可能去找所有的源头。简单地反省一下我们就会发现，我们所相信的关于周围世界的一切，几乎都是我们信任的人告诉我们的。这个人通常是老师或记者，但有时是牧师或家长。即使我们能从个人经验或直接观察中得出某些看法，我们也不能指望通过这种方式获得所有知识。而且我们会发现，即使是自己的感觉和内省也不总是可信的。

媒体偏见

我们所知的大部分事情的信息来源是新闻媒体。关于新闻经济学的开创性研究已经着眼于报纸和其他新闻媒体如何使它们呈现信息的方向发生偏斜。

我最喜欢的例子是英国媒体如何报道两位王妃。凯特·米德尔顿王妃（Princess Kate Middleton）和梅根·马克尔王妃（Princess Meghan Markle）在不同的时间点都表达了对牛油果的偏爱，但同一家报纸对此事的报道方式大相径庭：

凯特和威廉（William）：威廉王子从一个小男孩手中得到了一个包裹在蝴蝶结里的绿色水果（牛油果），这个小男孩的母亲也在怀孕期间备受煎熬……"他［威廉王子］说他会把它带给［凯特］，看看会发生什么——还祝［男孩的］妈妈好运。"《每日快报》（Express）2017 年 9 月 14 日报道。

梅根：怀孕的萨塞克斯公爵夫人（Duchess of Sussex），也就是所谓的"鳄梨吐司私语者"正狼吞虎咽地吃下一种水果，这种水果与水资源短缺、非法毁林和普遍的环境破坏有关。《每日快报》2019 年 1 月 23 日报道。

媒体偏见一直很难被加以研究，因为我们都认为自己的观点是没有偏颇的事实。我们倾向于认为，与我们的观点一致的新闻来源是不偏不倚的，而其他人都在有偏向性地陈述事实。因此，人们很难摆脱对研究人员的偏见。然而，先后由蒂莫西·杰伊·格罗斯克洛斯（Timohty Jay Groseclose）、杰夫·米利奥（Jeff Milyo），以及马修·根茨科（Matthew Gentzkow）和杰西·M. 夏皮罗（Jesse M. Shapiro）提出的开创性文本分析技术通过使用统计模型来比较报纸使用的词语和政客使用的词语，这帮助解决了这个问题。他们的想法是找到和每份报纸最像的政治家。国会议员的政治偏见很容易通过他们的投票历史表现出来。由于所有国会记录都是数字化的，可以被下载，因此人们可以使用机器学习技术找到与每份报纸最相似的国会议员，并利用国会议员的投票历史对报纸的政治倾向进行分类。例如，马修·根茨科和杰西·M.夏皮罗发现，在 2005 年国会记录中一些"听起来最像共和党用语"的短语是"反恐战争"和"死税"①，而一些"听起来最像民主党用语"的短语是"遗产税"和"减税"。通过这种方式，马修·根茨科和杰西·M.夏皮罗对所有报纸进行了媒体偏见评分。

马修·根茨科和杰西·M.夏皮罗使用他们的媒体偏见评分结果来测试一些关于媒体偏见的假设，比如报纸是否反映报纸所有者的政治偏见（通常被自由派假定为更保守）或报社撰稿人的政治偏见（通常被保守派假定为更自由）。事实上，他们几乎没有找到任何支持这两种尽人皆知的理论的证据。相反，他们发现报纸迎合了读者的偏见。报纸的政治倾向似乎与报纸所在城市的政治倾向一致。报社的业务是销售报纸，而消费者更有可能购买与自己的政治偏好一致的报纸。

如果市场上只有一家报纸，这家报纸往往会瞄准主流意见。如果市场上有多家报纸，这些报纸会对市场进行细分，以便每家报纸都针对不同的人群。逻辑很简单：人们喜欢阅读那些证实自己先前看法的新闻。因此，迎合这些看法能够卖出更多报纸。

我们更倾向于购买迎合自身信念的报纸，部分原因是心理偏见使我们不信任与我们的信念相悖的信息。在斯坦福大学于 1979

① 死税（death tax），指的是过于高昂的遗产税。国外的遗产税很高，其中美国征收的遗产税最高税率达 55%，而英国的遗产税也高达 40%，因此有"富豪家族过几代后就会变普通人"的说法。——译者注

年进行的一项著名实验中，查尔斯·G.洛德（Charles G. Lord）、李·罗斯（Lee Ross）和马克·R.莱珀（Mark R. Lepper）向学生们展示了两项研究，他们让学生们思考。这些研究是凭空捏造的，但学生们并不知道这一点。一项研究支持的观点是死刑能有效地威慑犯罪，另一项研究提供了相反的证据。

● 研究 A

克罗纳（Kroner）和菲利普斯（Philips）（1977）比较了美国 14 个州在实行死刑前一年和实行死刑后一年的谋杀率。在这 14 个州中，11 个州的谋杀率在实行死刑后降低了。本研究支持死刑的威慑作用。

● 研究 B

帕尔默（Plamer）和克兰德尔（Crandall）（1977）将两个相邻但具有不同死刑法律的州分为一组，比较了 10 组州的谋杀率。其中的 8 组都是实行死刑的州的谋杀率较高。本研究不支持死刑的威慑作用。

之后，研究人员问学生哪项研究更有说服力。

他们发现，支持死刑的人认为研究 A 更有说服力，而反对死刑的人更青睐研究 B。然后，他们互换了上述研究的结论，只改变了每项研究中的两个词，并向另一组学生展示了这两项新研究：

● 研究 C

　　克罗纳和菲利普斯（1977）比较了美国 14 个州在实行
死刑前一年和实行死刑后一年的谋杀率。在这 14 个州中，
11 个州的谋杀率在实行死刑后降低了。本研究不支持死刑
的威慑作用。

● 研究 D

　　帕尔默和克兰德尔（1977）将两个相邻但具有不同死刑
法律的州分为一组，比较了 10 组州的谋杀率。其中的 8 组
都是实行死刑的州的谋杀率较高。本研究支持死刑的威慑
作用。

　　研究 C 和研究 D 与研究 A 和研究 B 的内容完全相同，只是
现在研究 C 发现死刑起不到威慑作用，而研究 D 支持死刑的威
慑作用。现在死刑支持者更青睐研究 D，而死刑反对者更青睐研
究 C。

　　结论是什么呢？结论是，人们相信那些证实自己先前信念的
研究。心理学家称这种现象为确认偏误（Confirmation Bias），但
研究这一问题的经济学家指出，更加相信那些证实你已经知道的

事情的新闻和新闻来源可能是相当理性的做法。马修·根茨科、杰西·M.夏皮罗、塞德希尔·穆来纳森（Sendhil Mullainathan）和安德烈·施莱费尔（Andrei Shleifer）提出的模型说明了新闻消费者如何决定信任何种新闻来源。消费者正在试图寻找提供准确新闻的新闻媒体。因为每个人都相信自己的世界观是正确的，所以人们更相信那些证实自己已经相信的东西的新闻来源。如果我相信 2 + 2 = 4，那么我很可能不会相信任何报道 2 + 2 = 5 的报纸。因此，报纸就会偏向于报道读者希望听到的内容。

　　有时候，这种偏见表现为对同一事实进行带有明显偏向性的陈述，比如下列例子：

　　　　史密斯先生在民调中以超过 4% 的优势获胜！！！
　　　　与
　　　　史密斯先生在民调中只领先 4%！！！

　　或者，报社可以选择性地报道新闻。每一天发生的新闻都远远超过一份报纸的容量。正如《纽约时报》的格言所说，报社的工作是决定什么"适合刊印"。这种选择可能是（而且已经表现出）带有偏见的，一些新闻媒体会故意省略观众或读者不想知道的新闻。

　　我自己对媒体报道的研究关注的是竞争如何影响报道，具体而言是某些激励措施如何鼓励媒体复制其他同行的新闻报道，而不是投资必要的资源以报道突发新闻。在该研究中我一直感到困惑：为什么报纸要在调查性报道（可能产生"突发新闻"）上花费大量资源，他们本可以等别人做这项工作，并在第二天花费一小部分成本就能随大流。随大流也是更安全的选择，因为报道与预期相反的新闻（突发新闻很可能就是这样）有可能会遭到读者的质疑。然而，我们假设读者也看重发布顺序，那些花费资源调查和披露新闻的人实际上是为了表明可信度而做出了代价高昂的牺牲。就像成本高昂的道歉可以恢复信任或成本高昂的入会仪式可以建立信任一样，披露新闻是致力于报道真相的一个信号，因此，披露新闻的媒体被认为更值得信任。

所有这一切都被社交媒体的速度放大了，我们在社交媒体上被各种故事所淹没，这些故事往往会增强我们对自身观点的信心。我们的自然本能是，更多的信息会让我们更接近真相，而在我们的理论模型中，更多的信息只会提高信息的准确性（或者至少没有害处）。

但是，当信息存在系统性偏见时，增加的信息就不那么有帮助了。在统计分析中，我们讨论一个估计量是否一致，也就是说，从同一来源收集越来越多的数据最终是否会揭示真相。即使有越来越多的数据，一个不一致估计量也会导致你的观点存在偏见。来自社交媒体的很多信息在统计学上是不一致的，因为筛选这些信息的目的是为了增加点击率和阅读量，而不是为了最大限度地提高我们对真相的搜索。甚至在社交媒体出现之前，奇普·希思（Chip Heath）、凯蒂·米尔克曼（Katy Milkman）和乔纳·伯杰等营销研究人员就对人们共享的信息类型进行了研究。

通过分析《纽约时报》中收到最多反馈邮件的故事和城市传说的传播等各种数据，他们发现，我们分享的故事不是事实最准确的，更重要的是，它们不是平均而言都符合事实准确性的随机故事的集合，而是系统性地偏向于那些引起敬畏或焦虑感的故事。

虽然从狩猎-采集者部落的礼物交换经济开始，我们就从别人的闲谈中了解世界，但我们也一直依赖媒体机构等专家帮助我们分辨虚实。萧心美（Alice Hsiaw）、郑英豪（Ing-Haw Cheng）、拉吉夫·塞蒂（Rajiv Sethi）和穆罕默德·伊尔迪兹（Muhammed Yildiz）等博弈论学者都提出过这样一个问题：随着我们接触的新闻媒体的数量和种类不断增加，我们在信任哪些专家方面有了更多选择，对这些专家的信任发生了什么变化？这些模型得出的一个结论是思想纯净度的提高。

政治正确性和思想纯洁性

到目前为止，我们认为，人们对新闻的看法存在偏见，这既有个人原因，也有制度原因。即使我们小心翼翼地关注新闻来源的可信度，这种关注本身也可能导致新闻媒体更加不可信的行为，因为它们试图通过让新闻迎合我们的偏见以赢得我们的信任。

假新闻的传播会产生工具性后果，我们稍后将在本章加以探讨。关于疫苗或气候变化的错误信息会影响公共卫生或者歪曲对公共政策的支持。然而，本节讨论的是错误信息和对立新闻的另一个后果。在美国和许多发达国家，党派之间的嫌恶日益加深，这削弱了我们对彼此的信任。

彼得罗·奥尔托莱瓦（Pietro Ortoleva）和埃里克·斯诺伯格（Erik Snowberg）的研究表明，对政治信念的过度自信会转化为更加极端的意识形态。丹·斯通（Dan Stone）研究了这种极端主义的另一种表达方式，他的关注点是人们对持有不同政治观点者怀有的越来越大的敌意。皮尤研究中心的一项调查要求美国人用 0 到 100 分来评价他们对另一个政党的成员的热情程度。研究结果显示，他们对另一政党的热情程度从 20 世纪 70 年代的近 50 分下降到了 2016 年的不足 30 分。

我们过分自信地认为我们现在能接触到越来越多的新闻，与此同时，两党意识形态的纯粹性也在增强。在过去，反对堕胎合法化的民主党人和支持环保或赞成枪支管制的共和党人并不少见。政客们持有一系列不同的政策立场，这些立场不一定符合任何一个政党的政党路线。政治观点的多样性导致政治学家基思·克雷比尔（Keith Krehbiel）在 1993 年提出了这样一个问题："政党在哪里？"因为他对美国国会投票数据的统计分析表明，政客们大多是根据自己独特的政策立场投票，而不是根据政党的要求投票。

现在，政党的两极化倾向愈发明显，因此，要成为民主党人，你必须支持堕胎合法化并赞成枪支管制，而要成为共和党人，你必须反对堕胎合法化并反对枪支管制。促使我们只信任符合自身偏见的新闻的驱动因素，同样促使我们只信任符合我们的信念的人。

促使我成为一名博弈论学者的数学模型是史蒂芬·莫里斯

（Steven Morris）提出的政治正确性模型。史蒂芬·莫里斯的模型基于这样一个理念：我们相互学习，而且我们中的大多数人都真诚地希望对社会群体中的其他人有所帮助。因此，我们希望在别人需要建议时成为他们信任的人。然而，有些人会给我们不值得信任的不佳建议，这要么是因为他们心怀不轨，要么是因为他们的价值观与我们不同。另外，有时候，我们需要的建议会证实我们想听的话；但有时候，我们需要与我们自己的意愿相悖的建议。如果这一建议的来源可信，那么它是有帮助的；但如果这一建议来自持有不同价值观的人，那么你最好忽略这一建议。史蒂芬·莫里斯的模型表明，如果我们想要得到自己真正想要帮助的人的信任，我们就应该在不太重要的事情上忽略事实，只告诉人们他们想听的东西，以便建立信任。这样在重要的事情上，我们就可以告诉他们真相，向他们提供他们真正需要的建议。

该模型是在互联网刚刚兴起的时候得出的，那时候社交媒体还没有出现。但它为理解政治正确性可能如何随着模型中关键参数的变化而演变提供了见解。现在我们的社会关系是公开的，所有人都能看到，我们有更多低风险的机会来表明自己值得信任。因此，在这样一个时代，该模型预测政治正确性会提高。增强对自身观点的信心也会产生同样的效果。社交媒体让我们接触到越来越多的故事，这些故事旨在证实我们现有的信念，让我们越来越自信。如果我们对自己的观点更有信心，我们就不太可能信任那些和我们的信念相矛盾的人。这促使我们顺应他人。如果他人认为我们的信息是错误的，并且会因此给我们贴上价值观不佳和不值得信任的标签，那么我们就更有理由只说"正确的话"。

　　然而，虽然社交媒体加剧了这样一种趋势，即人们只接触那些符合自身偏见的信息，但那些控制社交媒体平台的人有能力改变自己的技术，更好地策划我们看到的故事。鉴于社交媒体已经成为新闻的主要来源（根据皮尤研究中心的数据，对于18至29岁的人来说，社交媒体是新闻的主要来源），这一点尤其重要。自推特和脸书等平台问世以来，它们大部分时间都在使用算法吸引我们在它们的网站上花费更多的时间，因为这增加了它们的广告收入。然而，最近的公众压力迫使这些公司将他们的算法用于其他目的，比如在建立互信的同时压制假新闻。

　　脸书和其他平台正在尝试向人们展示新闻来源（新闻来源产出人们在信息流中看到的文章）的信用评级，这使平台能够确定新闻来源的可信度，并规避新闻媒体为迎合读者而进行的博弈。当然，这产生了一个元问题：人们必须信任脸书用来评估可信度的算法。

　　麻省理工学院的迪安·埃克尔斯（Dean Eckles）的研究向我们展示了网络结构如何影响假新闻与精准新闻的传播。具体来说，他和他的同事们提出了这样一个问题：你是应该在你的信息流中看到更多来自亲密朋友的消息还是更多来自疏远朋友的消息。考虑到隐私问题，这类研究尤其重要。像 WhatsApp[①]（现在

---

① WhatsApp Messenger（简称 WhatsApp）是一款用于智能手机之间通信的应用程序，借助推送通知服务，可以即刻接收亲友和同事发送的信息。——编者注

归脸书所有）这样的平台对所有传输进行加密，这使平台无法分辨发送的是哪种信息。因此，即使 WhatsApp 想要评估所传输的信息的可信度，并将假新闻从真新闻中过滤掉，它也无能为力。然而，迪安·埃克尔斯等人发现，仅仅通过改变网络结构（你与之联系和沟通的人的网络）就可以使你的媒体信息多样化，从而抑制虚假或危险信息的传播。

　　无论是好是坏，社交媒体已经改变了我们所接触的新闻和信息的处理方式。我们能预见到情况可能会变得更糟。反复接触带有相同偏见的信息会使我们过于相信自己的党派偏见，而对那些与自己意见不同的人不太信任。社交媒体可能成为一个回音室，让各种想法在其中像传染病一样传播。各种信息传播模型表明这样的做法可能是有理由的：人们仅仅因为看到几个人赞同某个观点，就传播这一观点，即使他们自己并不赞同。这是因为人们为了随大流而压制了自己的意见。

　　然而，社交媒体让设计师和监管者对我们所见的信息有了更多的控制权。以前我们通过闲谈来了解世界，现在则是通过算法了解世界。虽然对闲谈进行的算法管理可能会产生负面影响，但它同时创造了一个机会，使得我们可以创建更好的系统来传播新闻并提高我们对所见新闻的信任度。毫无疑问，部分解决方案将依赖我们对提供消息的朋友的信任。

信任医学

在生活中的所有专家中，也许我们最需要信任的就是医生。如果 Yelp 上的一条不准确评论导致你有了不愉快的用餐体验，这也并不是什么大不了的事。正如夏洛克·福尔摩斯（Sherlock Holmes）的名言所说，知道地球绕着太阳转（而不是太阳绕着地球转）在你的生活中不大可能产生什么影响，所以忘记地球绕着太阳转或者弄错答案都没关系。即使是假的政治新闻对我们投票的影响也小得出奇。然而，不信任你的医生或得到错误的医疗建议真的会让你丧命。

当然，我们有充分的理由不信任医学专家。首先，医学科学（像所有科学一样）是一门不断发展的学问。我们看到的关于什么是安全食品和什么是不安全食品的头条新闻一直在变化。蛋类会杀死你；蛋类可以拯救你。脂肪是不好的；脂肪是好的。咖啡是不好的；咖啡是好的……约翰·P. A. 约安尼季斯（John P. A. Ioannidis）和他的合著者们选择了一系列常见的食物，比如葡萄酒、西红柿、茶、蛋、咖啡等，几十项研究确定表明每种食物都会杀死你，然而同时又有几十项研究表明每一种食物都会延长你的寿命。

在本节中，我们将探讨医学的特点和历史。正是医学的特点和历史使人们对医生和医疗行业的信任岌岌可危。我们还列出了经济学证据来证明信任医疗系统的重要性，因为人们发现信任能导致更好的健康结果。请注意，我使用了"导致"这个词，而不是像"与……相关"这样较弱化的表达。和以往一样，我们应该注意到，相关性不是因果关系，而且因果关系的方向可能是相反的：不是信任导致了更好的结果，而是恢复得更好的患者可能更加信任他人。然而，经济学家一直在仔细梳理这些相关性，并声称，确实是信任程度的变化导致了健康结果的变化，而不是健康结果的变化导致了信任程度的变化。我们在本章开始时指出，20世纪70年代以来，人们对医学的信任大幅下降。实际上对医疗行业充满信心的人已经从1966年的73%下降到了如今的34%。研究人员已经确认了信任在提供高质量医疗服务方面的重要性，但是对于信任水平的下降原因以及如何应对，研究人员所能给出的答案较少。

信任医学为什么重要

信任为什么重要？部分原因是，就我们的医疗决定而言，我们拥有极大的自主权。当医生给我们开出一种药物或饮食和锻炼方案时，决定是否贯彻执行的人是我们自己。根据医嘱，我们必须开药并按处方使用；我们必须制作健康的饭菜，把自己拖进健身房。据估计，我们只在50% ~ 75%的时间里遵从医嘱。根据估算，如果患者恰当地遵从医疗建议，美国的医疗保健系统每年可以节省1亿至3亿美元（或3% ~ 10%的医疗成本）。

此外，如果不喜欢某位医生的建议，我们还可以找另一位医生，也就是事实上，我们想找多少位医生就找多少位医生。一般来说，征求其他意见是好事：更多的信息通常会提高信息的准确性并帮助做出更理想的决策。在我最近的研究中（本章稍早前讨论过），我一直在关注，如果我们获得的信息或处理信息的方式存在系统性偏见，拥有更多的信息如何会成为一件坏事。就医学而言，这表明患者可能会去找那些说自己想听的话的医生，而不是找那些提供最佳信息的医生。极端例子是出现了一种新型的网络平台，它可以为你匹配一位医生，这位医生会给你开任何你想要的处方（至少在节育或勃起功能障碍方面如此）。也就是说由你选择一种药，而这些网络平台会找到一位愿意开这种药的医生。

患者现在有互联网、WebMD[①]、脸书群组和聊天室、推特和照片墙，即每一种平台都提供了一系列选择和观点。我们往往会被看上去最有道理的说法所吸引，而不是根据统计或数据选择信息并以理性的方式汇总。我们青睐那些给我们希望或减轻我们的恐惧的观点。

患者总能够找到愿意迎合自己的医生，而医生也有相应的动机去迎合他们的患者，这已被确定为阿片类药物流行的原因。近几十年来，药物过量现象出现的概率增加了一倍多，这使药物过量成为 50 岁以下人群死亡的头号原因。虽然药物成瘾者最

---

① WebMD 是美国互联网医疗健康信息服务平台。WebMD 汇集了全美医师的临床报告，以及最新、最权威的医学数据库，不仅为消费者提供优质的医疗健康资讯，还有病症自查、药品信息、医生信息、医院信息、药房信息等查询服务。——译者注

终可能会走上吸毒之路，但许多阿片类药物成瘾始于过量开具止痛药。

在疫苗接种方面，信任变得更加重要。疫苗接种是针对人们还没有患上的疾病的预防方法。当一个人的健康受到威胁，疾病治疗迫在眉睫，患者至少有动力坚持最好的治疗方案，即使他们的偏见有时会阻碍治疗。但是正确接种疫苗是一件更加困难的事，因为你试图预防的疾病只是潜在的，并且接种疫苗往往对他人也有利，而不只是对接种者自己有益。疫苗计划的重要性在于，当一个群体中有足够多的人接种疫苗时，这个群体就会产生所谓的"群体免疫"。群体免疫是指群体中有足够多的人具有免疫力，因此那些无法接种疫苗的人（比如婴儿和病入膏肓者）就可以得到保护，因为他们不太可能遇到其他身患这种疾病的人。因此，当每个人（或几乎每个人）都遵照医嘱接种疫苗时，疫苗可以产生最大影响。为了让人们遵照医嘱接种疫苗，人们不仅要信任疫苗的安全性和有效性，还要信任政府实施疫苗接种计划的意图。

群体水平的疫苗接种是最成功的公共政策之一。这样的疫苗接种每年将持续拯救 200 万至 300 万人的生命。但是，社区疫苗接种计划经常遭到质疑。最早的疫苗接种技术之一是天花接种，做法是从天花感染者身上取出脓液，涂抹在未感染者划伤的皮肤上。天花接种最早是亚洲采用的做法，由 18 世纪的英国贵族玛丽·沃特利·蒙塔古（Mary Wortley Montagu）带到西方。当时天花接种在土耳其非常普遍，从土耳其返回英国后，玛丽·沃特利·蒙塔古试图说服她的同胞采用这种方法。但即使她在自己和儿子约翰·孟塔古（John Montagu）身上接种了天花病毒，这无疑是表明可信度的高成本信号，她也无法说服其他人尝试这一方法。

最近，一种有可能致命的高度传染性疾病（麻疹）在美国再度暴发，但这本应该是完全可以预防的疾病。暴发原因是一些家长拒绝给孩子接种疫苗，因为他们害怕（除了其他原因之外）接种疫苗会导致自闭症。但这种关系实际上是不存在的。科学家们相当肯定，疫苗和自闭症之间没有关系，但1998年发表在顶级医学杂志《柳叶刀》（The Lancet）上的一篇论文将麻疹疫苗与儿童自闭症直接关联，署名的作者是12位权威人士。虽然几年之后其中的10名作者撤回了相关研究，但这个错误观念已经在世界范围内扩散开来，并且很难被扭转。家长拒绝接种疫苗的部分原因反而在于疫苗接种计划的成功。由于近几十年来麻疹病例非常罕见，家长很难看到接种疫苗的好处，尤其是在人们对医疗的信任水平日益降低的时候。

对医学的不信任加剧了流行病的影响。令人遗憾的是，麻疹在美国死灰复燃只是众多案例之一。众所周知，南非前总统塔博·姆武耶卢瓦·姆贝基（Thabo Mvuyelwa Mbeki）不相信人类免疫缺陷病毒（Human Immunodeficiency Virus，简称HIV）会导致艾滋病，这阻碍了该国的艾滋病预防工作。在刚果民主共和国（The Democratic Republic of the Congo）最近暴发的埃博拉（Ebola）疫情中，对公共卫生官员缺乏信任导致治疗工作受阻。

令人遗憾的是，有时候这种对公共卫生官员的不信任可能是有道理的。20 世纪 70 年代，印度以小儿麻痹症疫苗为幌子实施了一项强制绝育计划。为了控制人口增长，那些被告知接种小儿麻痹症疫苗的人实际上是在接受绝育手术。2011 年，美国中央情报局以开展疫苗接种计划的名义，在巴基斯坦（Pakistan）成功追踪到了"9·11"袭击的策划者，国际恐怖分子奥萨马·本·拉登（Osama bin Laden）。美国中央情报局特工自称是分发乙型肝炎疫苗的公共卫生工作者，他们走访了巴基斯坦的家庭，并从居民身上抽取血液样本。他们的真正目的是通过 DNA测试确定奥萨马·本·拉登的亲属。这在一定程度上导致巴基斯坦持续下降的脊髓灰质炎发病率在 2017 年开始回升。

医学是一个常常无法简单解释的领域。每个人的身体对疼痛、疾病、药物和治疗的反应都不相同。诊断结果有不确定的可能，治疗也无法保证有效。当他人行为的影响存在不确定性时，这种情况恰恰需要信任。

鲍勃·弗兰克（Bob Frank）是我的前同事。尽管他没有任何与心脏骤停相关的风险，他却遭遇了一次危及生命的心脏病发作，他活了下来，继而写了一本关于运气的书。他的想法是，最有可能死于心脏病发作的人是那些没有相关风险的人。健康的行为会减少心脏病首次发作的概率，但如果真的发病，那些风险最少的人最有可能死亡，这可能是因为健康的人在晚年才会遭遇心脏病发作。但促使我的朋友写那本书的想法是，无论我们如何照顾自己的身体，运气在决定谁生谁死方面仍然发挥着巨大的作用。在信任的经济学模型中，对信任的需求直接与风险成正比。

信任在健康问题上十分重要，因为不确定性极大，其后果可能关乎生死。

这种不确定性为我们的偏见播下不信任的种子创造了更大的空间，也为我们的头脑讲述故事并为错误编造解释提供了更多的空间。信任是一种信念，而我们形成的关于自身健康的信念最终会对我们的健康产生重大影响。最近的研究还表明，我们的健康在很大程度上受思想影响。就我们如何感知疼痛、对安慰剂的反应，以及其他现象而言，情况确实如此。

在一项实验中，受试者被要求尽可能长时间地将手置于一桶冰水中。这项实验表明，当他们得到一颗标价 2.5 美元的药片而不是一颗标价 10 美分的药片时，他们能坚持更长时间，痛苦更少。其实这两种药丸是一样的，都由糖制成。（事实上，我的一位合著者的其他研究表明，如果受试者一心只想着钱，他们的手可以在冰水中放置更长时间）。安慰剂在治疗疾病症状方面的效果令人吃惊：服用安慰剂不仅会缓解患者的痛苦，还会使患者体内发生可以测量的实际生理和化学变化。

哈佛大学最近的一项研究表明，即使患者知道安慰剂只是一粒糖丸，但只要医生和患者建立起牢固的关系，安慰剂也能起作用。在该项研究中，安慰剂甚至可以治疗像肠易激综合征（Irritable Bowel Syndrome，简称 IBS）这样的衰弱性疾病，即所有这些都是在患者知道药片是安慰剂的情况下发生的。研究人员认为，牢固的医患关系是推动安慰剂发挥作用的原因。信任医生可以让你的病情好转，即使医生除了与你交谈和给你一粒糖丸之外什么都不做。

恢复失去的信任

由于信任对我们的健康非常重要，因此，当信任遭到破坏时，如何恢复信任就显得尤为重要。虽然医学和其他领域一样面临着普遍的不信任，但导致不信任的一些原因是医学所特有的，需要加以解决。

调查显示，医疗专业人士会针对相同的症状给出不同的治疗方案。一个惊世骇俗的例子是，一名牙医因欺诈受到调查，原因是他给 90% 戴牙冠的患者进行根管治疗。而一般的牙医只会为 3% ～ 7% 的患者采取这种治疗。尽管这是个极端的例子，但对医疗从业人员进行的大规模分析发现，美国各地都存在类似的差异，同一名患者可能会得到差异极大的医疗建议，这取决于他们看的是哪位医生。

在我见过的个人投入最大的经济学实验之一中，一组研究人员让 180 位牙医分别给同一名受试者看诊。考虑到患者是同一个人，而且牙齿比较健康，医生应该会推荐相同的治疗方案才对。但是与预期相反，研究人员发现，28% 的牙医给患者推荐了不需要的治疗，而当牙医预约不足或患者表现得收入较低时，更多的过度治疗会出现。我的前同事亨利·施耐德（Henry Schneider）对汽车修理工做过类似的研究，并发现了相似的不可靠性。

有时候，背叛信任的危害甚至在几十年后依然存在。关于信任医学这一问题，一个反复出现的话题是对未经治疗的黑人男性梅毒患者进行的塔斯基吉研究。这是美国政府在 1932 年至 1972 年进行的一项人体实验。在这项实验中，399 名黑人男性患者在加入之前就感染了梅毒，尽管医学界在 1947 年就知道青霉素可以治愈这种疾病，但数十年来都没有为这些患者提供治疗，以研究梅毒对人体的危害。当然，医学实验是医学进步的必要条件，但这项实验违反了知情同意原则，并在得知治愈方法后不对患者进行治疗。2016 年的一项研究发现，1972 年之后，美国黑人对医学的不信任程度大幅增加，因为正是在 1972 年，塔斯基吉梅毒实验的细节被披露。这种不信任导致美国老年黑人男性的预期寿命下降了 1.4 年，原因是患者不听从医嘱或没有寻求足够的预防性治疗。

我们的信任从邓巴数字大小的部落演化到宗教和民族国家，由此导致的一个后果是，我们的机构有时会以牺牲外群体的利益来催生对内群体的信任。我们更有可能信任那些与我们相似的人，因为相似意味着共同的价值观，我们用被逐出内群体这一威胁来执行群体规范。最近的实验表明，美国黑人患者由白人医生治疗后比由黑人医生治疗后的健康状况更差。原因不是白人医生提供了更差的治疗（尽管也有证据表明这一点），而是黑人患者不太可能听从他们不太信任的医生给出的医疗建议。然而，解决这个问题的方法不应该是把黑人患者分配给黑人医生，或者把黑人学生分配给黑人教师；我们需要在不分种族的情况下更好地建立信任。

鉴于信任水平的下降和信任的重要性，我们能做些什么呢？

我自己的研究考察了道歉在恢复信任方面至少是小幅恢复信任方面的作用。我有两篇论文研究了信任对医疗事故诉讼的影响。医学失误和不良后果方面存在一个恶性循环。对患者进行的调查发现，患者起诉医生最常见的原因是愤怒，医生的道歉可能会缓解这一愤怒，但患者从未收到过道歉。医生往往害怕道歉，因为他们害怕含蓄或明确地承认错误会增加他们被起诉的可能性。医生的这种不情愿增加了患者的愤怒，反过来又增加了诉讼的可能。

为了解决这个问题，美国 36 个州（在 2009 年进行研究时）通过法律，禁止在法庭上将道歉作为医疗事故案件的证据。这个想法非常成功，并且早在 2005 年，希拉里·克林顿和巴拉克·奥巴马这两位资历较浅的参议员试图让联邦道歉法案获得通过，但不幸的是，当时他们没有足够的影响力让此事成为现实。

虽然鼓励道歉似乎是个好主意，但道歉也可能适得其反。道歉体现的可信度与该道歉的成本成正比。医生在道歉时所面临的部分成本是暗含的诉讼威胁。这些道歉法律降低了医生面临的成本，也就同时降低了道歉的价值。尽管这些法律使向患者道歉变得更加普遍，但我们不确定它们是否对改善医患关系有帮助。

我的研究发现，这些道歉确实能够改善医患关系。通过对美国联邦政府维护的医疗事故诉讼数据库进行分析，我和我的合著者刘美辰（Elaine M. Liu）发现，道歉可以将和解的速度提高 19% ~ 20%，并将诉讼费用降低数万美元（准确的金额取决于事故伤害的严重程度）。

更普遍的情况是，最近有许多人认为，对医学领域的信任而言，透明度是关键。例如，奥巴马执政时期通过的《平价医疗法案》（*Affordable Care Act*）中的"阳光法案"（Sunshine Act）条款要求医生更多地披露从制药公司收到的报酬。信息缺乏将导致不信任。关于道歉的其他研究表明，道歉在医学领域的重要性主要源自它在医患之间打开了一条沟通渠道。患者经常觉得自己被蒙在鼓里，对话有助于双方相互理解，而道歉是对话的开始。当人们无法获得信息时，他们往往会做出最坏的假设。

虽然道歉似乎能够恢复对个人的信任，但我们能做些什么来恢复对整个医学的信任呢？因为不确定性滋生了不信任，也许更多的信息可以帮助解决问题。

我最喜欢的书之一是同为经济学家的艾米莉·奥斯特（Emily Oster）写的《一个经济学家的怀孕指南》（*Expecting Better*），该书提倡在患者和医疗服务提供者之间建立一种不同的关系。她在该书中关注的是孕妇，但我认为她的书包含了更广泛的医疗保健经验。作为一名怀孕的准妈妈，她发现许多与怀孕有关的说法都是作为规则而非明智的选择被流传下来的：不喝咖啡、不饮酒、不吃鱼、不吃加工肉食。她的书提供了这些建议所依据的数据，并让孕妇自己做出决定。有些人不接受这种方法，但这种透明和开放的做法是有可取之处的。越来越多的医生似乎倾向于这种更加开放、以患者为中心的方法。然而，将过多的决定权交还给患者也有不利的一面，即我们看医生是因为他们的健康和医学知识远胜于我们。解决办法不应该是把所有决定权都交给患者，而是找到一种方法让患者与医生积极沟通，并加强医患关系，从而共同做出最佳医疗决策。

科　学

伪科学的例子比比皆是。其中一些例子是由活动人士推动的，他们有选择性地选择研究，以支持某一特定议程。例如，相信有机食品有益健康（它们并不比普通食品更健康），担心转基因食品的危害（它们并无危害），否认气候变化（气候变化是事实），以及相信疫苗会导致自闭症（疫苗并不会导致自闭症）。

科学界也确实犯了一些错误，包括声称低脂饮食是健康的（热量似乎更重要，碳水化合物可能比脂肪更令人担忧），以及声称高胆固醇饮食会增加血液中的胆固醇水平（事实并非如此）。

我们对科学事实同样有许多误解，因此，质疑我们对已知事物的信任也许是件好事。有时候，我们之所以相信一些事情，仅仅是因为它们符合我们已有的说法（例如，公司是邪恶的）：例如硅胶乳房植入物比盐水植入物更危险（事实并非如此）。有时候，我们相信母亲告诉我们的伪科学，比如我们应该每天喝八杯水（这没有必要）。

我们之所以不信任科学，原因有很多。这在很大程度上是因为科学很难理解。有太多关于这个世界的事情是我们自己永远无法了解的。

如果你正在读这本书，那么你很可能是关心科学的，但我打赌，如果你认真地列出你相信的东西，你会发现，很多你相信的东西其实都不是真的。我在上文所列的例子有没有让你吃惊？你没有必要相信我，但如果上文的例子确实让你吃惊，请随时跟进说明部分的引文。你可以也应该质疑你读到的所有东西，尤其是涉及科学研究的时候。

人们很容易相信不真实的科学主张或听起来符合科学的主张，因为不信任科学对我们的日常生活通常没有什么影响。此外，世界的运作方式在很大程度上是完全未知的。科学甚至表明，有些问题实际上是无法回答的。

科学中的信任

尽管人们对科学的信任水平近几十年来并没有像对医学或媒体的信任那样出现下降，但在接受调查的美国人中，只有44%的人对科学界"充满信心"。对科学的不信任在一定程度上是由于科学本身证实的，这说明科学比我们想象的更不可靠。关注科学新闻的人可能听说过近年来出现的所谓复制危机。我们开始更好地认识到，许多（即使不是大多数）科学研究（即使是那些采用最严格的方法并发表在最有声望的期刊上的研究）是无法复制的。一些著名的研究团队选取特定年份特定领域（如心理学、经济学或医学）中被引用最多的研究，并安排一组新的研究人员复制原来的结果。其中的大量复制都失败了：包括三分之二的心理学研究、三分之一的经济学研究，以及超过四分之三的医学研究。

此外，这个复制项目仅限于发表在最著名期刊上的著名研究。作为一名学者，我几乎每天都会收到某些新期刊发来的垃圾邮件，这些期刊听起来像是真的，因为它的名字是"编辑"用真实期刊的名字拼凑出来的。例如，经济学领域最负盛名的两本杂志是《经济学季刊》（*The Quarterly Journal of Economics*）和《美国经济评论》（*The American Economic Review*）。这些剽窃刊名的杂志会起像《经济季刊》（*Quarterly Economic Journal*）或《美国经济学评论》（*American Review of Economics*）这样的刊名。这些期刊几乎会为了版面费发表任何东西。一些研究人员故意把糟糕的论文寄给了几十家杂志，其中一些论文简直就是胡言乱语，但是几乎所有论文都被接受并发表了。对于毫无戒心的公众来说，如果他们寻找的是迎合自身想法的研究，那么这些期刊可以提供听上去很体面的证据来支持任何说法。

未能复制大量科学研究并不意味着科学本身出了问题，这只是科学发展进步的方式。虽然科学研究通常看起来只是在简单地讲述发展的故事，但实际的科学研究一直都是在停止和开始、死胡同和重新评估、试验和错误、前进两步和后退一步中进行的。当然，我们还可以做得更好，科学家们正在提出一些重要而有趣的改革，以提高科学研究的复制率和可靠性。但是，我们渴望等待确定性，同时又需要凭已知的知识前进。我们必须在这种愿望和需要之间取得平衡。许多身患绝症的患者希望获得可能挽救生命的实验性药物，即使这种药物可能不会起作用。

科学新闻经常会加剧这个问题。新闻标题必须吸引眼球，不会体现不确定性和细微差别。虽然研究人员可能在学术期刊文章中表达了他们自己对研究结果的所有怀疑和不确定性，但这部分信息在向公众传达时消失了。

即使不存在复制危机，对科学的不信任在一定程度上也是因为科学很难理解，而且并不总是值得我们花时间去研究。许多基本的科学问题一直困扰着我，比如荡秋千的动作究竟是如何导致秋千和秋千上的孩子前后移动的，而且我成年后才知道帆船如何迎风航行。因此，我们会被过度简化的讲述世界运行规律的故事所吸引，这些故事遵循简单的模式，存在有趣的惊喜，或者迎合我们原有的偏见。

有很多原因可以解释为什么如此多的科学成果，甚至是那些发表在顶级期刊上的科学成果，被证明是如此脆弱。

第一，期刊偏向发表令人惊讶但又貌似合理的东西。

第二，存在"办公桌抽屉效应"（Desk Drawer Effect），也就是，许多有理有据的研究没有发现两种事物（比如咖啡和癌症）之间的关系，由于发表偏倚，这些研究没能得以发表，它们被搁置在抽屉里。因此，有 5 项已经发表的研究可能会表明咖啡致癌，但有 50 项被搁置在办公桌抽屉里（即永远不会被发表）的研究表明咖啡不会致癌。

第三，相关性不是因果关系。在过去的 20 年里，梳理相关性和因果关系之间的各种差异一直是经济学研究的驱动力。统计数据只能告诉我们咖啡和癌症存在相关性。也许喝咖啡与更高的癌症发病率有关，但当我们发现相关性时，我们总是需要考虑四种可能性：

● 也许是咖啡导致了癌症。

● 也许是患癌症的倾向让我们渴望喝咖啡。

● 也许是第三种因素，比如我们居住的城市，让我们既喝咖啡又患上癌症。

● 也许这种相关性是虚假的。

第四，统计数字的本质意味着有时我们会得到虚假的相关性或假阳性。按照科学研究的惯例，使用0.05的假定值（p-value），这意味着每进行20次统计测试，其中1次（或多或少）将是假阳性。因为任何一项研究往往都会涉及几十次统计测试，所以任何特定的论文都可能存在一些假阳性。而且，由于期刊往往只发表积极的结果，因此，发表在期刊上的研究更有可能是错误的。

第五，与假阳性相关的问题是，研究成本高昂，太多的研究只是在实验室中的（比如）22只猴子身上进行的。当观察的次数过少时，可靠的结论就更难得出。对于干扰性特别强的环境，需要的观察次数可能相当多。在我的一项研究中，我们有超过150万名受试者，即便如此，我们也只能勉强识别出数据中的模型。

所有导致错误结果被发表的因素都是系统性的，与任何参与者的不良动机无关，我认为指出这一点很重要。对获得研究资助的科学家的动机提出质疑已是司空见惯的事，但我见过的几乎每一位科学家都在真诚地工作，至少在我看来如此。

阻碍科学研究的另一个系统性问题是我们经常质疑科学家的意图。例如，史蒂芬·莫里斯那篇关于政治正确性的论文很有影响力，稍早前在本章"媒体偏见"一节中被讨论过，在这里同样适用。史蒂芬·莫里斯的模型说明了一个反对政治正确性的论点。一些想法被和坏人联系在一起，因此当好人发现的事实与坏人的喜好一致时，他们就有隐藏这一发现的动机，因为他们想要维护自己作为好人的名誉，以便未来在更加重要的问题上有发言权。这意味着，如果我们不按照科学知识的内容来判断科学家的可信度，社会上产生的知识会更多。这不仅仅是传统意义上的政治正确性，有选择地发表符合社会偏好的科学知识也反映了这一点。如果某些科学家的发现表明气候变化可能没有那么糟糕或者电子烟没有那么危险，他们可能也不愿发表自己的研究成果，因为担心被指为气候变化的否认者或烟草业的托儿。

史蒂芬·莫里斯提出的这些名誉方面的担忧往往会导致人云亦云。我们从复制危机中得知，很多科学结论都是错误的（至少一开始是错误的）。因此，多听听科学内部的不同意见是有益的，以便我们更加重视来自通常渠道之外的不同意见来源（见第二章对斯科特·E.佩奇的研究的讨论），并更多地接受不同的观点。

科学家之所以对自己发表的内容进行删改，还存在其他原因。在一个最理想的世界里，就像史蒂芬·莫里斯的模型中的世界那样，如果所有科学家都将自己的全部发现公之于众，我们的生活会更好。但是，在经济学中，我们经常会问，在一个效率低下到无法轻易纠正的次优世界中，我们应该做些什么。信息如果遭到滥用怎么办？我们应该努力纠正我们的制度，以确保信息不会遭到滥用，但在此之前，也许我们应该删改自己发表的那些信息。此外，有时候相信群众的智慧是有道理的。如果我发现的一个结论与所有人的想法不符，也许只是因为我错了。在一个理想的世界，科学家会发表他们发现的所有信息，并让群体决定信任哪些研究结果。但在一个人们自己决定依赖哪个科学研究的世界里，也许对发表的内容保持谨慎更为妥当。

基本不确定性

在最优美的数学定理中，有三个都是在 20 世纪上半叶发现的。这三个数学定理指出为什么宇宙从根本上说将永远是一个谜。虽然有人认为这三个定理太过抽象，没有任何实际意义，但我认为它们是有益的提醒，提醒我们，我们的知识的局限性和世界的基本不确定性。这种不确定性正是我们需要信任的原因。

库尔特·弗里德里希·哥德尔（Kurt Friedrich Gödel）是一位数学家，他曾努力解决数学的完备性问题，以判断我们的数学体系是否健全。我们都学过数学，但我们所学的数学是正确的吗？我们觉得是正确的，但我们能证明吗？库尔特·弗里德里希·哥德尔着手证明我们所学的数学是正确的。不过，他证明了任何算术系统从根本上来说都是不完备的，也就是说在任何你能够设计出的算术系统中，无法被证明的真实命题都会存在。此外，没有一个算术系统能够证明它自己的内部一致性。如果连基本的算术都是不完备的，那么找到一个完备的数学系统的希望就微乎其微了，更别提找到所有知识的完备系统了。

同样，被称为计算机科学之父的艾伦·麦席森·图灵（Alan Mathison Turing）表明，总会有一些计算问题是计算机不能够解决的。在经济学中，肯尼斯·约瑟夫·阿罗表明，一种民主制度能够设计出的任何投票制度都会存在某种根本性的缺陷。

有人可能会说：在实践中，这些数学定理并不重要。算术能够满足我们的所有需要；电脑可以正常运行；即使民主制度也能或多或少发挥作用。

现代民主制度的缺陷往往与肯尼斯·约瑟夫·阿罗努力解决的如何计票这一机械性问题无关。现代民主制度既依赖于对规范的遵守又依赖于信任，因此实际计票本身充其量是次要的。

不过，我确实认为这些定理是优美的，因为它们提醒我们：宇宙现在是，而且将永远是一个谜。有些事实永远不会为人所知。这是一个很好的提醒，让我们对自己确信的事也要保持谦逊。

这很好地提醒我们要谨慎对待自己信任的知识。

气候变化

自 1995 年起，联合国每年都会召开一次会议，与会的各国领导人聚在一起讨论气候变化问题。这些会议被称为《联合国气候变化框架公约》（*United Nations Framework Convention on Climate Change*，简称 UNFCCC）缔约方大会（Conference of the Parties，简称 COP），我有幸作为民间社会观察员和康奈尔大学（Cornell

University）代表团的一员参加了在哥本哈根（Copenhagen）举行的《联合国气候变化框架公约》第十五次缔约方大会。混乱的局面让我不知所措，会议的成果也让我感到惊讶。

除 120 位国家元首和数千名谈判代表，会议现场还有数万名记者、研究人员、活动人士、学者、官僚，以及其他政府官员。因为人数太多，有时需要花 5 小时或更多时间才能走到会议中心入口的安检处。我旁听了诺贝尔和平奖得主莱伊曼·古博韦（Leymah Gbowee）主持的一场小型会议，与加利福尼亚州州长阿诺德·阿洛伊斯·施瓦辛格（Arnold Alois Schwarzenegger）在狭窄拥挤的美国办公区偶遇，在一场学术研讨会上讨论我的研究，参加由德斯蒙德·杜图（Desmond Tutu）主教领导的集会，与试图用谷歌地图拯救世界的谷歌工程师闲聊，坐在会议桌旁，旁边是打扮成外星人的活动人士，他们正在听取美国首席谈判代表的简报。

让我印象最深的是谈判本身。会议的目标是起草一份决议，一份世界上所有国家最好都能签署的文件。当谈判代表们就决议的内容展开辩论之际，会议中心周围的临时打印店会打印出大量篇幅和书籍一样长的决议。在会议的最后一晚，一千名谈判代表聚集在主会议室，试图敲定最后的细节。我尽可能地待了很久，在我凌晨动身前往机场赶飞机之前，谈判代表们仍在进行谈判。

最让我吃惊的是，这一切看起来和我在学生时代学习的关于政治谈判的数学博弈论模型差异极大。经济学和博弈论中的默认假设是，我们只关心用博弈成本和收益衡量的博弈结果。在环境问题上，成本和收益的经济学模型假定这是一场谈判：由谁支付成本（以税收扭曲①、削减化石燃料，以及改变土地使用和农业等形式），以便我们都能享受更清洁的环境带来的好处。

我本以为，谈判的焦点是应该由谁承担削减温室气体排放的成本，以便我们所有人都能受益。我本以为会讨论那些受益最多的国家应该如何支付最多成本。当然，这是谈判的一个重要部分。中国和 77 国集团认为富裕国家从历史上的温室气体排放中获得了最大利益，因此它们应该承担更多成本。谈判中的一种观点认为，应该成立一支基金来资助发展中国家缓解气候变化的行动，该基金的主要来源之一是发达国家的捐款。

然而，这似乎只是谈判的一小部分。辩论和修订更主要是关于程序和谁有权利得到承认。有时候，谈判代表似乎更关心谈判过程的合法性，而不是谈判的结果。

同样，我也被面对面的小型会议的重要性所震撼。尽管大型会谈在一间容纳 1000 多人的大房间里进行，但我觉得最重要的会议只发生在少数几个国家和少数几个人之间。在围绕一项政策的讨论中一对一的关系似乎将发挥巨大的作用，这项政策将影响数十亿人，包括目前活着的人和尚未出生的人。

终极信任博弈

气候问题的范围是巨大的。海平面上升意味着更多城市

---

① 税收扭曲（tax distortions）指影响经济活动效率的税收，如所得税、资本税和通货膨胀税等。——译者注

将不得不像阿姆斯特丹（Amsterdam）新奥尔良（New Orleans）那样用价值数十亿美元的海堤阻挡海洋。像超级风暴桑迪（Superstorm Sandy）和飓风卡特里娜（Hurricane Katrina）这样的风暴将变得更加频繁和更具破坏性。气候变化加剧意味着更多的洪水和干旱。粮食减产意味着食品价格上涨。资源短缺加剧可能导致更多的难民和国际冲突、更多的热带疾病，并导致更多的生态系统消失和更多的物种灭绝。威廉·道布尼·诺德豪斯（William Dawbney Nordhaus）于 2018 年获得了诺贝尔经济学奖，原因是他估算了我们可以量化的成本，发现到 2100 年，气候问题造成的损失可能超过世界各国国内生产总值（GDP）总和的 3%，相当于数万亿美元。

气候变化是我们在本书中一直讨论的公地悲剧①（Tragedy of the Commons）的终极范例。随着地球的命运岌岌可危，风险不仅更高，所需的信任范围也更大。每个人所做的决定不仅会影响自己所在的群体，而且会影响世界上的每个人。事实上，比这更

---

① 1968 年，英国的加勒特哈丁教授（Garrett Hardin）在《公地悲剧》（*The Tragedy of the Commons*）一文中提出了"公地悲剧"理论模型。他在文中指出，作为理性人，每个牧羊者都希望自己的收益最大化。在公共草地上，每增加一只羊会有两种结果：一是获得增加一只羊的收入；二是加重草地的负担，并有可能使草地过度放牧。经过思考，牧羊者决定不顾草地的承受能力而增加羊群数量。于是牧羊者便会因为羊只数量的增加而获得更多收益。许多牧羊者也纷纷加入这个行列。由于羊群可以不受限制地进入草地，草地遭到过度使用，草地状况迅速恶化，公地悲剧就这样发生了。——译者注

糟糕的是：我们做出的选择会影响那些尚未出生者的生活。更疯狂的是，我们做出的选择将影响那些未必会出生的人的生活。公地悲剧既有空间因素，也有时间因素。

　　本书一开始，我们就讨论了信任是如何在小型前现代部落和群体中发展的，群体规模受限于每名成员个人所信任的人数（根据邓巴数字大约是 150 人）。现在我们讨论的问题不仅涉及信任当今世界上所有数十亿人，还涉及信任尚未出生的无数人。

　　本书第二章对上述情况可能如何发生提出了一些乐观的看法。我们从埃莉诺·奥斯特罗姆关于小村庄如何应对当地环境挑战的研究中看到，人类可以制定规则、规范和制度来保护共享的自然资源。我们从宗教的发展中看到，信仰体系是如何建立起来，它将我们对当地群体成员的个人信任扩展为更大的宗教信任。我们看到市场为何需要信任，商人如何信任第三方法官和法律规则来帮助执行合同。之后，在第三章和第四章，我们讨论了这种对抽象规则的信任如何发展成对法治的普遍信任，我们还看到了这种抽象的信任如何发展成现代经济中包括货币、银行、科学和医学在内的复杂多面的全球制度。

　　考虑到信任圈不断扩大的长期历史趋势，让信任超越物种和世代来应对气候变化问题似乎并不那么令人生畏。长期以来，内群体的凝聚力一直是通过应对外群体的威胁而增强的，而气候变化可以承担这个外部威胁的角色。

　　当然，人类在进化过程中信任的由 150 人组成的小群体与气候变化等跨越时代的全球性问题之间存在着巨大的差异。博弈论和行为经济学可以帮助我们理解需要克服的困难：

- 未来的长期影响。
- 社会距离。
- 忽视缓慢变化。

博弈论指出，信任可以在重复博弈中维持，但这种信任是由"未来的长期影响"所强化的。也就是说，现在我可以信任你，因为我希望你将来还我人情。这需要耐心，因为今天我不得不抵制诱惑，希望我的善行将诱导其他人在未来采取类似的行动。这在小范围内已经够难了，因为缺乏耐心的例子随处可见。在实验中，我们愿意今天就拿走 50 美元，而不选择一周后得到 100 美元。我们很难抵制甜点的诱惑或很难前往健身房锻炼。我们没有为退休生活存下足够的钱。在气候变化问题上，治理周期过长使人们缺乏耐心。在我们的有生之年，我们甚至看不到自己今天的行为带来的大部分好处。

气候变化的第二个问题是社会距离。实验研究发现，我们的利他行为取决于社会距离，也就是，我们对亲近的人更加无私，而对较为疏远的人则不那么无私。从进化角度看，这是有道理的，因为它提高了那些与我们有更多相同基因的人的生存机会。但我们的基因进化并不是以适应人类文明的范围扩大到数十亿的时代为目标的。因此，我们的利他主义程度对近亲最高，而对陌生人最低，我认为任何人都不会对此感到惊讶。在实验室实验中，受试者得到一小笔意外之财（比如 20 美元），并被要求在自己和另一个人之间分配这笔钱。他们最有可能与直系亲属分享，当另一个人只是一位朋友时，他们不太可能分享，而当另一个人是随机选择的学生时，他们更不可能分享。当另一个人来自另一座城市时，这种可能性会再次下降；而当另一个人来自另一个国家时，这种可能性会继续下降。这种影响不仅适用于不同地域的人，也适用于所有人口统计数据。我们往往最有可能和我们认为与自己相似的人分享。这是一个问题，因为气候变化的受害者将集中在赤道附近，而面临最大风险的是发展中国家的人口，他们远离那些有能力处理气候变化问题的富裕国家。

气候变化之所以难以理解的第三个原因是，我们更关注变化。在很多时候情况都是如此。我们更关心的是拥有比邻居更多的钱，而不是我们的绝对财富水平。我们的快乐更多地取决于收入的增加，而不是绝对收入水平。即便绝对犯罪水平已经下降，突然出现的犯罪浪潮也会让人们感到害怕。当人们听说有孩子被绑架时，他们会为自己的孩子担心，尽管我们的孩子处在有史以来最安全的环境里。气候的变化缓慢，而当气候发生变化时，我们适应得很快。

一项关于社交媒体的研究发现，我们在推特上发帖来评论异常天气，但一两年之后，我们就认为为这些异常天气发推文不值得了。我对人们如何调节恒温器进行了研究，发现人们会通过为室内设置更暖和的温度来应对室外更暖和的天气。人们对变化的反应是适应变化，然后忘记变化。气候正在变化，但变化速度十分缓慢，至少在我们的日常生活中，我们适应了这一变化，然后忘记了这一变化。这就好比煮青蛙最好的方法是在水凉的时候把青蛙放进去，然后慢慢提高温度。

如今，环保主义者和活动人士清楚地意识到了这些问题：气候需要耐心，气候涉及相距遥远的人们，气候变化过于缓慢而难以被察觉。相关人员一直在齐心协力修正人们对气候问题的印象，以应对这些问题。新闻头条指出气候变化对群体成员现在的影响，并强调这些变化会导致更加严重的后果，比如飓风，即使是很缓慢的变化也可能让人类将来付出巨大的代价。环保主义者试图重新普及气候变化的影响，但营销和形象管理的效果有限，特别是如果过分强调和夸大这些影响，一旦这种夸大被识破，人们的不信任反而会出现。

规范和态度确实会改变，这往往要归因于活动人士的工作，他们改变了我们的看法。但如今，值得信任的行为往往是由法治来维持的。我们大多数人之所以不偷东西，部分原因是我们自愿遵守行为规范，但更直接的原因可能是我们担心会被抓进监狱。我们有像联合国这样的国际机构就国际问题执行法律，所以为什么不试试呢？

信任与《巴黎气候协定》

每一项国际条约最终都是一种信任行为。我们看到政府如何通过维持对暴力的垄断来执行协议和合同。政府利用执法权对违规行为进行惩罚。只要政府得到人民的支持，这种行为就能实现；但如果政府可以利用自身对军队和执法部门的控制来压制异议，上述行为也可以在没有人民支持的情况下实现。没有人能够强制执行国际协议，因此有必要依靠更老式的方法，也就是我们在本书开头讨论过的狩猎采集者采用的方法。

如果我们可以把联合国的 193 个成员国想象成 193 个不同的个体，这就与邓巴数字相差不大。那么我们就可以依靠小村庄用以维持合作的机制来确保各国履行协议。

当各国就一项条约（本质上是一份合同）达成一致时，任何权力都不可以强制执行该合同，原因是没有至高无上的权力可以强迫各方遵守合同条款。然而有一些国际法官，虽然他们没有直接的权力，但他们可以赢得代理人的信任，就像中世纪香槟地区受到信任的法官一样。法官可以下令对不遵守规定的行为进行制裁，这些制裁必须由所有其他 192 个成员国实施和执行。这 192 个成员国中的许多成员国可能不想惩罚违约者，因为它们也许与违约国保持着密切的贸易关系，支持惩罚会让它们付出巨大代价。但是只要每个成员国都致力于维护国际法治，这样的体系就能发挥作用，即使这在短期内会让成员国付出代价。

这是一个相当脆弱的体系，因为许多国家经常不遵守国际协议。有许多关于国际协议不稳定的例子；经济学家对世界贸易组织（World Trade Organization，简称 WTO）在维持低关税和自由贸易方面所起的作用感到特别满意，但各国经常违反自由贸易规则，并无视惩罚。自世贸体系建立以来，美国历届政府都因违反世贸组织规定而面临制裁。

　　该体系的不稳定性在一定程度上源自对规则和违规行为性质的不确定。我们讨论了区块链技术的潜力：使用计算机算法避免纠纷从而使合同自动化。但是这种做法只有在合同条款可以用计算机代码具体说明的情况下才会可行。合同裁决问题源自合同规定中所固有的模糊性。正如我们所见，有时候，合同存在一定的不确定性更好，因为这种不确定性使合同双方之间的信任得以发展。

　　虽然这些不确定性有可能促进信任的建立，但它们也为不值得信任的行为提供了可乘之机。根据世界贸易组织的规则，一个国家可以为了保护自身的国家安全而违反自由贸易规则。这一规定被用来当作提高关税的理由，以保护日本的稻农和美国的钢铁工人，尽管批评人士认为，用国家安全当挡箭牌只是为了保护国内利益。

　　每一项法律和规则都包含不确定性。即使我们有法庭进行裁决，但缺乏某种中央权威，这些法庭也只能基于信任运作。至少就自由贸易而言，由世界贸易组织监督的体系仍然存在，关税保持在相当低的水平。当然，自世界贸易组织的前身，关税及贸易总协定（General Agreement on Tariffs and Trade，简称 GATT）在第二次世界大战后签署以来，世界各国就一直在为自由贸易协定而努力。

　　我们再来看看 2015 年在巴黎举行的气候会谈。就像在京都和哥本哈根一样，为了就地球的未来达成一项协议，世界各国领导人再次聚在一起。

《巴黎协定》的新意在于，它完全基于信任。所有的条约都基于信任，但此处的信任更加明确，因为协定的大部分内容是不明确的。《巴黎协定》没有向签署国施加有约束力的排放限制。相反，该协定包含三部分内容：

● 承认共同目标是通过限制温室气体排放，将全球气温上升幅度限制在 2 摄氏度（理想状态是 1.5 摄氏度）。

● 承诺每个国家都将"大规模"地削减本国的排放量。

● 同意测量和参与"全球盘点"，各国聚集在一起讨论进展并报告商定的衡量标准；该条约唯一有约束力的部分是，必须由技术专家对各国进行评估。

许多人嘲笑这种做法懒散、没有效力，因为它实际上不要求任何人做任何事。

这项协议让我想起了另一项备受嘲笑的政策："不让一个孩子掉队"。这项于 2002 年颁布的教育政策是美国总统乔治·沃克·布什和参议员泰德·肯尼迪（Ted Kennedy）领导的国会民主党立法委员之间达成的一项两党协议。该政策是一项教育改革，要求各州的学生在州级考试中表现出色，学校不断进步，考试成绩中体现的种族差异逐步得到解决。"不让一个孩子掉队"政策的关键争议在于，每个州都可以选择自己想要接受的测试。就像《巴黎协定》允许各国自己选择排放标准一样，"不让一个孩子掉队"政策允许各州任意选择自己想要的方式来定义学术水平。

许多对"不让一个孩子掉队"政策持怀疑态度的评论人士认为，各州只会设计非常简单的测试，以避免为改善学校而必须付出的努力。经济学家倾向于把人往坏处想，许多经济学家嘲笑"不让一个孩子掉队"政策，因为该政策只要求各州对学生进行测试，而没有对测试的内容或合格标准提出任何要求。这样的测试将是浪费时间。

但是专家们不理解的是，这项法律不需要明确规定孩子们学到了什么，它只需要改变各州决策者和家长对学习的看法。通过要求学校公布测试数据，这项法律旨在改变我们对教育的看法，也就是，让选民和家长知道他们有权力让学校承担责任。这种情况只有在我们试着衡量学习和进步时才会开始。当然，立法者可以钻制度空子，也就是说，让考试变得非常容易通过，但这样一来，这种行为会被公开，而那些在乎公众信任和自身名誉的立法者就会想要尽可能提高考试质量。此外，联邦政府无法为每个州的孩子分别规定令人信服的学习内容，因为美国是一个高度多样化的国家，无法就适用于全部50个州的孩子的统一标准达成一致。但"不让一个孩子掉队"政策可以依靠各州决策者的可信度来为他们自己的选民设计最合适的系统。这个系统的秘密是让学校的成果可见。

《巴黎协定》靠的也是这一招。国际气候协议自20世纪90年代开始以来就一直存在争议，不同国家有不同的优先事项。发展中国家认为发达国家应该做得更多，因为发达国家拥有资源和更长的污染历史。发达国家认为发展中国家应该做得更多，理由是，随着富裕经济体离开制造业等重污染行业，发达国家的排放已经达到峰值，未来人部分的排放增长将来自发展中国家。此外，地处寒带的国家不太担心气候变化，因为更温暖的气候实际上可能使加拿大和俄罗斯等地的生活变得更加美好。低地国家和赤道附近的国家将首当其冲，而且他们用以应对这些灾害的资源往往是最少的。

通过谈判一项协议很难达成，以安抚所有这些相互冲突的利益体，更不用说每个国家内部还经常会发生利益冲突，因此各国陷入了一个年复一年都未能得到解决的僵局。通过改变谈判的条件，《巴黎协定》找到了打破这一僵局的办法。

《巴黎协定》没有制定规则或明确各国都必须达成的具体减排目标，而仅仅是要求各国衡量本国的排放量。《巴黎协定》为如何衡量各国的排放量制定了标准，并要求各国允许其他国家对其排放进行审计。同样，批评人士很快称这份协定没有效力和意义，但这些批评人士忽略了一个关键因素：信任。尽管信任没有被直接写入协定，但它对协定的成功至关重要。通过使排放变得可见，该体系将建立问责制，即各国决策者及其选民之间的问责制，以及各国与世界其他国家之间的问责制。尽管该协议对各国的行为没有强制性要求，但它依赖于内疚以及维护名誉的渴望。这一机制利用社会压力和政治压力来确保各国制定减少本国排放量的政策。

不过，这一策略是一场赌博。社会压力是否足以推动一个全球能源体系还有待观察。也许他们不应该这么早把自主权交到各国手里，因为世界贸易组织的例子确实表明，具有一定约束力的国际协议是可以达成的。但我仍然要为将一项解决气候变化问题的国际计划完全寄托在信任之上的胆量喝彩。

我们在全书中看到，在前现代部落，信任如何在为数不多的人之间发展，以解决诸如管理共享自然资源等社会问题。几个世纪以来，这些非正式的规则和社会机制先是被宗教约束所取代，后来又被更加正式的法律约束所取代。但或许我们可以从祖先学会合作的方式中学到一些东西。虽然正式的规则很了不起，它极大地推动了社会进步并催生了更加庞大复杂的社会，但也许那些旧的、导致人类文明诞生的基本人际关系也是有价值的。这些简单的规则或许可以帮助我们解决当今面临的一些最大挑战。

第五章

相互信任

TRUST

　　在本书前四章中，我们已经从不同角度关注了信任经济学。我们看到信号、隐性社会契约和名誉等机制如何协同作用，帮助我们在面对不确定性和潜在的不良行为时相互合作。之后，我们追踪了这些信任机制如何从狩猎－采集者部落的送礼规范演变成管理当今经济的现代制度。我们看到形形色色的制度如何帮助我们将信任圈扩大到 150 人以外，直到整个宗教、民族国家和全球市场。我们一直在扩大信任范围，从自己认识的人到与自己拥有共同价值观的人，最终的目标也许是学会信任全人类。

　　然而，在我们前进的道路上存在着重重障碍。在第四章中，我们看到了对制度的信任水平下降时发生的情况。现在，我们能轻易地获得越来越多的信息，这让我们更加信任自己的直觉和派别，而不是信任专家。

　　接下来，我们将关注信任方面的理论和历史的经验教训能够如何应用于我们的个人生活。我们还可以研究一下，关于信任的经验教训如何能够为我们走向一个联系更加紧密的未来指明道路。

　　我们首先关注新的信任始于何处，关注我们在遇到陌生人时的基础信任水平。然后，我们来看看信任的规则如何适用于信任我们自己。建立信任需要大量努力，这是对未来的投资。为了进行这一投资，我们必须学会信任自己。之后，我们将讨论针对恢复遭破坏的信任而设计的人类制度（道歉）。开创道歉经济学是我对经济学文献所做的重点贡献。最后，我们将讨论扩大到我们的信任圈之所以如此重要的原因，以及人的尊严在经济学研究中的作用。

信任陌生人

《时代周刊》的莱夫·格罗斯曼（Lev Grossman）曾经这样描述《守望者》（Watchmen）的作者阿兰·摩尔（Alan Moore）：询问十位影迷谁是最伟大的导演，你很可能会得到十个不同的名字。而询问十位漫画迷谁是最伟大的漫画作家，其中九位会告诉你是阿兰·摩尔。毫无疑问，阿兰·摩尔最重要的作品是《守望者》，该书与弗兰克·米勒（Frank Miller）的《黑暗骑士归来》（The Dark Knight Returns）同时在 1986 年出版，这引发了一场漫画书革命。这两部作品共同为超级英雄题材的地位奠定了基础。

《守望者》中的转折是，其中一位超级英雄拯救世界的方式不是揍坏人，而是打击摧毁纽约市并杀死数百万纽约市居民的外星入侵者，然后利用好莱坞（Hollywood）特效人员让攻击看上去是外星人造成的。这种做法背后的想法是，创造一个来自外太空的他者是唯一能让世界上的国家和人民停止争斗并学会合作的方法。

本书大部分内容关注的是信任从特定范围内的信任演变成国家范围的信任和全球范围的信任。但正如我们在（尤其是）关于宗教的讨论中所看到的，用以创造信任的最强大机制之一就是创造一个他者。我们的本能是信任和我们一样的人，并排斥那些和我们不同的人。

然而，随着时间的推移，"和我们一样的人"的数量已经扩大，这在一定程度上是法治范围的扩展，以及全球范围内的市场经济发展所推动的。伊曼努尔·康德（Immanuel Kant）曾经表示，自由民主的扩张将带来持久的"民主和平"，因为两个民主国家不会向对方开战。一个相关概念是"麦当劳和平"（McDonald's peace），根据这一概念，两个都有麦当劳餐厅的国家不会相互开战，因为这两个国家拥有太多相同的资本主义规范，并由全球贸易关系联系在一起。政治经济学家弗朗西斯·福山曾经宣称，我们正处于"历史的终点"，因为我们处在一种紧密的自由民主世界秩序之中，永远不会被冲突和世界大战撕裂。

但其他人就没有那么乐观了。政治学家塞缪尔·菲利普斯·亨廷顿（Samuel Phillips Huntington）认为，我们的基本价值观差异太大；他预言，文明之间的冲突不可避免。塞缪尔·菲利普斯·亨廷顿认为，文化价值观的大群体（例如西方社会、伊斯兰社会、中国社会、印度社会和非洲社会）存在根本性差异，它们将不可避免地发生冲突。民族主义领袖最近在全球范围内的崛起表明，与塞缪尔·菲利普斯·亨廷顿的看法相反，我们的相似之处可能多于不同之处。但与弗朗西斯·福山的看法相反，我们的相似之处是：我们都关注内部，偏爱我们自己的部落，而不是整个世界。

扩大信任圈需要在陌生人身上冒险。我们将首先关注我们在遇到不认识的人时所拥有的基础信任水平。

信任与不信任

在本书开头，我们讨论了博弈论的工具为何最适合帮助我们理解信任在人际关系中的演变过程。这种方法不同于（例如）围绕信任的社会学研究，后者倾向于考察调查对象如何回答此类问题：总的来说，你认为大多数人是可以信任的，还是认为你在与人打交道时再小心谨慎也不为过？

经济学家更感兴趣的是人们如何应对信任博弈中的一系列激励因素，在信任博弈中，委托人承担了信任受托人的风险。一般来说，信任博弈中的激励因素是在两名博弈者之间的特定关系层面运作的，但当我们进行信任博弈实验时，我们往往会确保两名参与者对另一方匿名。我们在第二章讨论过琼·E.恩斯明格和约瑟夫·亨里奇关于狩猎采集者部落的实验，在这些实验中，正是这种匿名性表明，虽然这些孤立的部落在日常生活中严重依赖信任和双边合作，但这种信任行为并没有扩展到匿名的实验环境中。

一个与此处给出的笼统的信任问题相关的有趣问题是，当我们与一位匿名的陌生人配对时，我们会在信任博弈的初始阶段投入多少。琼·E.恩斯明格和约瑟夫·亨里奇的研究表明，随着我们转向现代市场经济，匿名信任水平有所增加。但其他研究也很有启发性。凯瑟琳·C.埃克尔等人的研究表明，"社会距离"是信任博弈的关键。我们更有可能信任一个我们认为（在年龄、收入或地理位置方面）与自己相似的匿名者，而不是信任一个我们认为与自己相似度较低的人。

虽然这些发现取自实验经济学实验室，但我们可以将这些发现应用到那些推动今日头条新闻的事件。信任我们的部落和普遍信任人类之间的这种紧张关系反映在我们的地方政治和地缘政治中。2016 年美国总统大选暴露了美国政治中的深度分裂，这样的分裂让很多人感到惊讶。同年，在英国脱欧公投中，英国投票退出欧盟，此次英国脱欧公投也显示了类似的裂痕。几年后的2019 年，在欧洲议会选举中，当选的反欧盟政党的数量急剧上升。许多人认为这些趋势是一种倒退：远离世界全球主义并支持反动民族主义复兴的运动。人们很难理解这种分裂，并将恶意动机归咎于对方。

心理学家乔纳森·海特（Jonathan Haidt）创造了我最喜欢的模型来解释这些紧张关系。乔纳森·海特的道德基础理论（Moral Foundations Theory，简称 MFT）试图通过调查人们如何应对道德困境来理解人类道德的构成要素。例如，他问人们，要让他们做下述每一件事需要付给他们多少钱：

- 将一根针扎进你的手掌。
- 将一根针扎进一个你不认识的孩子的手掌（伤害）。
- 接受一位朋友送的一台宽屏电视机，这位朋友因为电脑出错而免费收到了这台电视机。
- 接受一位朋友送的一台宽屏电视机，这位朋友是从一名小偷手中得到这台电视机的，而电视机是小偷从一个富裕家庭偷来的（合理）。

● 在你们国家的一个电台脱口秀节目中说你们国家的坏话（你不相信这样的坏话）。

● 在外国的一个电台脱口秀节目中说你们国家的坏话，你不相信这样的坏话（群体）。

● 作为喜剧小品的一部分，在一位朋友的允许下扇他一耳光。

● 作为喜剧小品的一部分，在你的牧师的允许下扇他一耳光（权威）。

● 观看这样一场行为艺术表演：演员们在 30 分钟里表现得像白痴一样，包括把简单的问题搞砸和在舞台上摔倒。

● 观看这样一场行为艺术表演：演员们在 30 分钟里表现得像动物一样，包括在舞台上裸体爬行和撒尿（纯粹）。

乔纳森·海特使用统计技术分析人们对上述问题的回答，并发现道德直觉可以分为五种道德基础。这五种（也许是六种）道德基础可以细分为社区价值和普世价值。社区价值或约束性基础是忠诚、权威和神圣，而普世价值或个性化基础是关怀和公平。

不同的道德基础之间存在着紧张关系，例如，在两种道德基础发生冲突的道德困境中，我们选择在多大程度上权衡这两种道德基础。乔纳森·海特发现，在美国，自由主义者倾向于优先考虑普世基础，而保守主义者倾向于平衡全部五种基础。我们都同意，对自己所在群体的忠诚和对权威的遵从是值得重视的大事；

问题变成了我们如何在忠于自己的群体和关心他人之间做出取舍。例如，在应对国际难民的问题上，一个国家该如何平衡本国人民非常现实的需求和他人非常现实的需求？

信任经济学也为理解这些分歧提供了一个有用的视角。我们用以维持信任的机制所产生的一个副产品是在我们信任的人和不信任的人之间确立鲜明的界限。部分原因是确认对方是否值得信任所需的信息成本，部分原因是我们需要依靠共同的价值观和共同的惩罚措施应对不值得信任的行为。

值得信任的行为往往是通过将那些行为不端的人逐出群体的威胁得以维持的：逐出教会、排斥、回避或其他形式的社会排斥。我们利用宗教和文化等捷径来决定信任谁，但这些捷径只有在能够提供区分可信之人的方式时才有用。这种区分可信之人的需求（以一个外群体为参照来定义内群体）阻止了我们信任每一个人。正如阿兰·摩尔所描述的那样，如果没有一个来自外星球的群体，我们就很难信任所有人。

信任是围绕群体的道德基础建立的。忠诚和尊重权威等特质与可信度有关。当社区的需求与普世价值发生冲突时，困难就出现了，尤其是因为我们的信任在很大程度上来自对他者的共同不信任。

不信任的驱动因素

上一节概述了信任范围不断扩大的大趋势以及将信任拓展到陌生人与保持对群体之外的人的不信任之间根本的紧张关系。在

此，我们将讨论第四章中 3 个最近出现的趋势，这些趋势加剧了
这种紧张关系：

- 我们群体的多样性和群体内部不平等程度的提高加剧
了我们的部落本性，因为我们有很多关于信任的制度都是基
于对外人的不信任。
- 我们在网络上选择联系对象的可能性增加了，这使得
我们的在线互动比没有社交媒体时更加同质化。
- 我们获取信息的机会增加了，这使我们对自己的信念
愈发过度自信。

第一种趋势是由多个原因导致的。全球移民的增加意味着许
多国家都经历了移民的涌入。例如，在像加利福尼亚这样的州，
任何种族或民族都不再占明显多数（非西班牙裔白人占比不到
50%）。放眼整个美国，自 2014 年以来的学龄儿童数据显示情况
也是如此。与此同时，不断提高的全球化和技术自动化的结合导
致世界上大多数国家的不平等普遍加剧。在发达国家，这种不平
等存在于那些拥有技能和资本、能够在全球化和技术先进的世界
经济中繁荣发展的人和那些没有这种能力的人之间。在发展中国
家，我们看到了同样的模式：那些有能力利用全球化和快速技术
发展的人积累了巨额财富，而那些没有这种能力的人也在变得更
加富裕，只是速度较慢。

有趣的是，如果把世界看作一个整体，不平等水平其实已经

下降。这是因为发展中国家（尤其是生活着世界五分之一人口的中国，还有印度和非洲国家）在追赶发达国家方面取得了长足进步，而发达国家的经济增长近几十年来大幅放缓。然而，我们往往不会将自己与生活在地球另一边的人进行比较，而是会将自己与生活在同一个国家的人进行比较。

移民和不平等水平的双双增长意味着我们更有可能在日常生活中接触到与自己不同的人。在我与乔纳·伯杰、奇普·希思的研究中，我们使用乔纳·伯杰所做的各项实验创建了一个数学模型，用以说明我们所采取的许多行动是为了将自己与他人区分开来。在一项实验中，读过一篇关于在校研究生食用大量垃圾食品的文章的本科生在面对零食时更有可能做出有益身体健康的选择。在另一项实验中，实验人员将坚强生活黄色腕带卖给一组学生。但是当实验人员将同样的腕带卖给周边宿舍那些被称为"书呆子"的学生时，最初那组学生都不再佩戴自己的腕带了。虽然这一差异经常体现在我们的穿着打扮上，但同样的想法也适用于我们说话的方式、我们阅读的内容、我们选择相信的内容以及我们信任的人。我们提出的模型随后被用来考察一个模拟社会网络中的行为、解释各种影响因素的作用和地位、时尚趋势的传播动态，以及不显著消费在推动趋势方面的重要性。

"炫耀性消费"一词是指由 20 世纪早期的经济学家索尔斯坦·邦德·凡勃伦开创的一种观点，即我们购物往往不是为了自己的快乐，而是为了改变别人对我们的看法。想想华丽的汽车、高科技手表或昂贵的手袋。如今，不断提高的收入和廉价的仿冒品使得每个人都能相对容易地买到看起来很像以前只有富人才会使用的手表和手袋，因此，我们转而使用语言或文化来展示自己的与众不同。人们利用异国度假、政治目标或专业术语来表明自己的部落成员身份。这有时需要使这种表现不引人注目（因此需要不显著消费），因为我们并不总是想让人们注意到我们的不同之处，即使我们有时内心是想的。

关于这一点，乔纳最喜欢的例子之一是单价 600 美元的蓝色牛仔裤，这条牛仔裤看起来很像沃尔玛里 20 美元一条的牛仔裤，但它能被其他知情者认出来。重要的不是牛仔裤的价格，而是你为了分辨差异所必须具备的专门知识。该模型预测，随着人们接触身份与自己不同的人（人们不愿与这样的人有联系），这样的趋势将会加强：购买表明自身身份的产品并做出表明自身身份的选择。这些选择提高了我们的群体身份意识，而我们在几千年的制度演变中形成的本能就是把身份作为一种决定信任谁的判断标准。

与这一效应相关的是，普遍的不信任与经济上的劣势有关。我们既在国家层面（低收入国家表现出的信任水平往往低于高收入国家）看到了这一点，也在国家内部（低收入的个人表现出的信任水平往往低于高收入的个人）看到了这一点。研究人员通常将此归因于这样一个事实：处于弱势地位的人往往会遇到更多的困难和一个似乎对他们不利的系统。一个遭遇过系统性歧视或冷漠的人不会非常信任他人，这并不奇怪。

不出所料，信任水平较低的国家，其合作（值得信任的）行为的水平也往往较低。部分原因是不合作行为具有传染性。有人可能会问，别人都不合作，我为什么要合作？我和周欣悦的研究发现，遇到不值得信任的行为比遇到值得信任的行为更能改变人们的行为。我们让学生们在匿名的实验室环境中通过电脑终端互相进行信任博弈。当一个相对而言更加合作且值得信任的小组与一个相对而言更加自私且不值得信任的小组配对时，前者往往趋向于更加自私的行为。各组博弈者相互进行数次信任博弈，每次十个回合。结果显示，仅仅与一个自私的小组进行一次互动就会导致自私行为的扩散，而要使合作行为被采纳，博弈者则需要与合作的小组进行三次互动。

然而，我们的实体社区变得愈发多样化，互联网和社交媒体技术的出现却导致我们的虚拟社区变得更加同质化。在第三章中，我们讨论了最近的技术创新改变了信任在经济中的运作方式，最显著的技术创新是区块链和使共享经济成为可能的各种平台。脸书是世界上规模最大的公司之一，到目前为止，我们还没有过多地谈及这家公司。仅仅这一家公司就彻底改变了我们联系和互动的方式；毫无疑问，脸书影响了我们的信任对象和信任方式。

曾几何时，我们的大多数社会互动都是和住在我们社区附近的人进行的，我们获取的大部分新闻都来自同样的地方报纸或少数共享的国家电视网。而今天，我们获取的新闻经过过滤和策划，只向我们展示最具吸引力的那一部分。经济学研究表明，新闻媒体使自己的新闻迎合读者的偏见，因为这样的新闻最畅销。脸书和其他社交网络不仅是我们和朋友交谈的媒介，还会过滤我们的新闻以迎合我们想要听到的内容。

互联网通信技术最开始应用于电子邮件，但如今发展出脸书、色拉布（Snapchat）、照片墙、推特、汤博乐（Tumblr）、领英（LinkedIn）、Slack[①]、油管（YouTube）和抖音等平台，这些让建立联系变得惊人地简单。通过扩大闲谈（最早发展起来用以传播信任的制度之一）这样简单的事情的传播，这些制度可能会将我们的信任圈扩大到地球村。然而，尽管这些网络让我们得以与世界各地的人取得联系，但它们同样让我们将注意力集中于日益精确的"我们的部落"，并进一步限制了我们与那些和我们不同的人的社交互动。

对脸书进行的最早研究之一是进化人类学家罗宾·伊恩·麦克唐纳·邓巴对自己的邓巴数字（150）进行的一项测试。他发现，当时人们在脸书上经常进行互动的朋友的平均数量约为150人，这表明，我们在脸书上处理人际关系的方式与在历史上处理狩猎 – 采集者部落中的人际关系的方式是一致的。然而，不同之处是，在决定这 150 个人是谁方面，我们现在拥有的选择要多很多，即谁可以留在我们的网络中，谁会被踢出我们的网络，或者被取消好友关系。

罗伯特·大卫·帕特南认为，尽管增强的种族多样性降低了我们对陌生人的普遍信任，但我们可以通过创造基于意识形态而非种族的新身份来恢复信任。然而，发生在美国（其他地区也存

---

① Slack 是一款企业内部沟通协作软件。——编者注

在类似的趋势）的情况似乎是，我们更加强烈地认同自己的政治意识形态：每个政治派别都分成了更加同质化的群体，人们对自己的阵营建立了更强烈的依恋。随着对自身政治派别的更强烈的依恋，对那些政治观点与自己相左的人的不信任也在加深。

　　一个令人担忧的问题是，社交媒体的回声室效应改变了我们的忠诚度，但也让这个国家（美国）比以往任何时候都更加分裂。我以前的一位同学和他的合著者最近的研究表明，导致党派偏见和意识形态不信任水平提高的一个主要驱动因素是对自身观点的正确性（和正义性）的过度自信。也许接触到党派新闻的机会增加以及只与想法相同的朋友进行更多政治讨论，使我们对自己的观点过于自信。不过，关于社交媒体是否真会改变观点的研究得出了模棱两可的结果，而且有充分的证据表明，我们的政治观点更多地是由我们的经济前景而非我们在网上读到的东西塑造的。然而，很难想象，我们获得信息以及与周围的人互动的方式的变化并没有以某种方式改变我们。

　　斯坦福大学最近的一项研究发现，付钱让人们放弃使用脸书会让他们更加快乐并降低他们的政治两极化水平。受试者被随机分为对照组和实验组。研究人员向实验组的受试者支付费用，让他们停用脸书账户一个月。研究人员发现，减少脸书的使用导致受试者花更多时间与朋友交往，这降低了受试者对时事的了解，提高了他们的幸福感，甚至在实验结束之后依然降低了他们对脸书的使用频率。

　　今天，研究人员正在努力应对这些网络的影响，并且优化这些网络以最大限度地减少错误信息的传播，因为错误信息导致的极强党派偏见和世界上某些地区的杀戮息息相关。无论如何，研究结果让我们松了一口气：鲜有证据表明社交媒体对我们的投票方式产生了很大影响。这与其他研究的结果一致：我们使用的媒体实际上对改变我们的政治行为没有多大作用。社交媒体并没有造成我们在社会上看到的两极分化，而仅仅是反映了两极分化。然而，我们需要注意的是社交媒体如何改变社会。

值得信任的行为具有传染性。我不想失信的部分原因是我想生活在一个人人值得信任的社会。社交媒体的出现使我们不禁要问，当为了处理面对面互动而进化的人类突然转向一个飞速发展且瞬息万变的网络世界时，信任会发生什么变化？

信任你自己

我最喜欢的 TED 演讲之一来自行为经济学家基思·陈（Keith Chen）。基思·陈在演讲开始时指出，你所说的语言会影响你看待世界的方式。他选择的例子让儿时的我时常感到困惑。汉语大约有十几种不同的方式可以表达"阿姨"和"叔叔"。现代英语使用一个词（"aunt"）来称呼任何与父母同辈的女性亲戚，而汉语中有单独的词来指明那个人是你母亲的姐妹、你父亲的姐妹、你母亲的兄弟的妻子或你父亲的兄弟的妻子，是你母亲那边的亲戚还是父亲那边的亲戚，她们比你的母亲或父亲年长还是年轻，她们是最年长的还是最年轻的……每个词都不一样，就连听起来都不一样。每当你向一位"阿姨"打招呼时，你都需要重新梳理你的家谱。词语是否会改变你的思维方式仍然存在争论，这被称为萨丕尔－沃尔夫假说（Sapir–Whorf Hypothesis）。但毫无疑问的是，词语会将我们的注意力引向不同的事物。

　　基思·陈对这个问题的贡献在于他考察了语言的另一个特征：动词屈折变化。在英语中，"go"一词可以变成"went""goes""going"或"gone"。以英语为母语的人学习法语或德语等语言经常会对一个动词能有多少种不同的形式感到困惑。动词的屈折变化让说汉语的人尤其感到费劲，因为尽管汉语中有十几个表示"阿姨"的词，但汉语动词一般不会随着时态的变化而变化。中国人谈论过去和将来所用的动词和他们谈论现在所用的动词在形式上是一样的。

　　基思·陈的假设是，用不同的方式谈论未来和现在，会使未来感觉更遥远，这就像它涉及的是其他人而不是我们自己，即使我们是在谈论自己。结果就是，现在的我们对未来的我们不那么友善。这听起来有点奇怪，但这就是行为经济学家和其他人对我们应对未来的方法的阶段性思考。

　　例如，一个让许多发言者担心的问题是，许多美国人为退休生活储蓄的钱太少了。如果你仔细想想会发现，为退休生活储蓄其实对我们的要求很高。今天存钱意味着今天把钱冻结起来（这些钱可以用来满足我们今天的需求），并把这些钱交给可能与现在不同的未来的自己。尽管我们可能没有注意到，但心理学家丹尼尔·托德·吉尔伯特（Daniel Todd Gilbert）指出，我们对生活的期望在短短十年间发生了巨大的变化，为未来存钱基本上就是相信未来的自己会以我们认可的方式花这些钱。同理，未来的自己也相信现在的自己会为他们的幸福存钱。

我们对拖延症的偏见只是行为经济学家和心理学家近年来发现的众多偏见之一；在这些偏见的支配下，我们犯了一些错误，如果我们多进行一些反省，我们就可以避免这些错误。我们做出的错误选择不仅仅是关于为未来储蓄，还包括理解什么会让我们快乐，根据新信息更新我们的信念，解读他人的行为，等等。

我们在本书中讨论的许多观点都有令人惊讶的应用，其中一个应用是，这些观点不仅适用于两个人之间的信任，还适用于理解我们的认知偏见，也就是说，适用于帮助我们理解何时应该信任自己，以及何时不应该信任自己。然而，根据我们的研究，建立信任不仅仅是理解我们内心的信任，还是对未来的投资。我们现在冒险做出代价高昂的牺牲，目的是建立一种会在未来产生回报的关系。了解我们自己，了解我们如何克服对未来投资不足的倾向，这对于提高社会信任水平而言至关重要。

信任未来与信任过去

对我的个人生活影响最大的数学模型也许是特德·奥多诺霍（Ted O'Donoghue）和马修·拉宾（Mathew Rabin）的拖延模型。拖延模型并未让我不再拖延，而是帮助我意识到我在什么时候拖延以及为什么拖延。这反过来又帮助我更好地不为拖延感到难过，甚至可能更有效地采取拖延的做法。他们的模型基于实验证据，这些实验证据表明，我们对在当前得到的东西的重视程度往往是我们对在未来得到的东西的重视程度的两倍。如果让我在今天得到一个汉堡和下周得到两个汉堡之间做出选择，我可能会选择在今天得到一个汉堡。同样，发生在今天的事件的痛苦程度是我们预期将来会发生的事件的痛苦程度的两倍。例如，我可能选择今天不洗碗，但代价是下周要洗两次。

　　当然，这意味着我可能会后悔自己过去所做的选择。当下周到来时，我饥肠辘辘，我可能希望自己上周能够等一等，这样现在我就可以获得两个汉堡；我可能希望自己上周就洗了碗，这样一来，我这周就不需要洗两次碗。

　　当涉及长期的行为模式时，这种对未来的不重视会导致令人更加严重的后果。假设你想要戒烟，在今天戒烟的成本是巨大的，但许多人可能认为，肺癌（持续吸烟可能导致的后果）的成本是在今天戒烟的成本的两倍多。这就是为什么 68% 的吸烟者说自己想要戒烟。那他们为什么不戒烟呢？我们的拖延模型可以帮助我们解释这一点。虽然肺癌的成本极高，但下周戒烟的成本与今天戒烟的成本大致相同。但今天戒烟的代价让人感到双倍痛苦。因此，大多数人宁愿下周戒烟也不愿今天戒烟。下周戒烟不会明显增加你患肺癌的概率，所以为什么不再多享受一个星期的香烟呢？当然，当下周到来时，曾经的未来变成了现在，再推迟一周看起来很有吸引力。结果，明日复明日。可悲的是，我们在当下做出了所有选择。

　　同样的逻辑还有很多其他应用，比如节食或为退休生活储蓄。今天吃一块蛋糕，下周开始节食，这听起来很吸引人。同样，从下周而不是今天开始为退休生活储蓄似乎也是一个合理的计划。问题是，"下周"永远不会到来。有时候，我们天真地认为，未来的自己会将我们今天制订的计划贯彻到底，但事实证明，未来的自己是不值得信任的。

由理查德·H. 塞勒（他因行为经济学方面的贡献而获得诺贝尔经济学奖）提出，并由理查德·H. 塞勒和卡斯·罗伯特·桑斯坦（Cass Robert Sunstein）在二人合著的《助推》（Nudge）一书中加以推广的一个解决方案是对我们未来的行为施加限制，这些限制类似于我们用来降低风险的规则。例如，理查德·H. 塞勒提议让人们报名参加一个从下个月开始而不是现在开始的退休储蓄计划。今天报名储蓄可能很难，但同意在下个月开始储蓄相对容易。同样，他建议建立一个系统，允许人们下个月戒烟，而不是现在戒烟。他建议要求每个购买香烟的人都要有许可证。任何达到法定吸烟年龄的人都可以免费获得这一许可证。任何人在任何时候都可以选择让自己的许可证从下个月开始失效。一旦许可证失效，申请人必须等待一个月才能重新申请许可证。吸烟者可以通过这种方式强迫未来的自己戒烟。

另一种将规则强加于未来行为的做法是让我们成为未来自己的更值得信任的管家。回到基思·陈关于有将来时的语言和没有将来时的语言的论述，拖延问题之所以会出现，原因在于我们重视自己现在的幸福多于未来的幸福。如果我们能够消除对即时满足的偏见，拖延问题就会消失。理查德·H. 塞勒主张对未来的自己施加更大的控制。而基思·陈的研究表明，如果人们能够学会把现在的自己和未来的自己看作一个整体，他们就会成为未来自己的更好的管家。

基思·陈研究了世界各地几十万人的数据，收集了关于这些人所说语言的数据。他发现，语言中没有动词屈折变化（比如汉语）的人比有动词屈折变化的（比如英语）的人更有耐心。即使在控制了文化和居住国家之后，情况也是如此。他的发现也适用于退休储蓄和教育等现象：那些语言中没有动词屈折变化的人会为退休储蓄更多钱，为自己的未来进行更大的投资。得出的猜想是，当我们用谈论现在的方式谈论未来时，我们会更好地对待未来的自己。

特德·奥多诺霍和马修·拉宾所用的拖延数学模型与加里·斯坦利·贝克尔（Gary Stanley Becker）等人创建的利他主义数学模型惊人地相似。这两种模型都假定我们像关心自己一样去关心别人。本书的动机之一是展示信任如何从我们只关心自己的直系亲属和部落中的人发展到同样关心更大群体中的其他人：关心我们的国家、我们的宗教或全体人类。基思·陈的研究结果表明，我们可以把同样的想法应用于自己的未来，学会像关心今天的自己和社会一样关心未来的自己和人类。

心智社会

尽管特德·奥多诺霍和马修·拉宾表明，仅仅通过思考现在的自我与未来或过去的自我存在怎样不同的偏好，我们就可以解释很多东西，这个想法可以扩展到 20 世纪 70 年代的计算机科学家马文·李·明斯基（Marvin Lee Minsky）所称的"心智社会"。马文·李·明斯基的想法是，人类的认知可以被视为许多不同因素在我们头脑中相互作用的突发结果。这一想法挑战了新古典经济学的传统观点，即人是理性的。虽然"理性"是一个含义丰富的词，但对经济学家来说，它仅仅意味着人们拥有目标并采取行动实现这些目标。相反，马文·李·明斯基认为，我们的心智可以被看作是一个由各个因素组成的社会，每个因素都有相互矛盾的目标。

我们现在知道，人们没有天生的目标；相反，目标（或经济学家口中的偏好）往往是仓促构建的。丹·艾瑞里（Dan Ariely）、乔治·洛温斯坦（George Lowenstein）和德拉任·普雷莱茨（Drazen Prelec）的巧妙实验表明，我们的偏好展示了任意连贯性，也就是，从表面上看，我们似乎是在为各种连续的目标采取行动，但研究人员发现，他们可以通过毫无意义的干预，比如询问实验对象的社会保险号，来操控实验对象的需求。

对这一发现的一种解释是，我们的行为是由我们自己并不完全了解的各种冲动所驱动的，尽管从长远来看这些行为确实会共同作用以达成我们的目标，而且它们在短期内可以由实验者的干预所操纵。许多博弈理论家利用这一认识创造了一种人们与自己对抗的博弈模型（即你的一部分心智与另一部分心智进行的博弈）。在这些博弈模型中，我最喜欢的是罗兰·J. M. 贝纳布（Roland J. M. Bénabou）和让·梯若尔的模型，在他们提出的这种模型中，我们对自己的道德水平是不确定的。在任何特定的时刻，我们做决定的那部分心智都不确定在面对道德考验时我们会做何反应。我们想要相信自己很不错，但又害怕自己并非如此。这个简单的想法（以及罗兰·J. M. 贝纳布和让·梯若尔关于这一想法的数学模型）解释了心理学文献中广泛的发现。

例如，我们详细讨论了群体如何将排斥那些被证明不值得信任的人作为维持群体内部信任的一种方式。然而，也有证据表明，人们会排斥那些太好或太值得信任的人。道德不确定性模型认为，这是因为我们不想在对比下显得相形见绌。被道德模范包围使我们更难欺骗自己。这也是为什么某些话题被禁止讨论，比如贩卖器官、投票或性。我们不想被提醒自己在道德上有多薄弱，所以创造了一种禁忌以禁止这些讨论。

该模型确实可以解释很多人类行为，它的重点是，正如我们不确定他人是否值得信任一样，我们同样不确定自己是否值得信任。这种不确定性导致我们采取行为来保护自己的形象，其中一些行为会影响我们与他人的关系。我们避开不值得信任的人，同时避开过于高尚的人。此外，当我们的自我意识受到威胁时，我们会努力向他人展示自己的身份。

道歉与责备

我读研究生时的室友遇到过一个问题。他喜欢在星期天早上和某个朋友打网球，但她（这个朋友）总是迟到。她总是一个

劲地道歉，但在下一周，她又会迟到并再次道歉。最后，我的室
友受够了，问我为什么我们要费心道歉，也就是说，道歉只是空
话，不是吗？我开始研究信任，试图回答我的室友提出的简单问
题：为什么我们要接受道歉？如果道歉是廉价的，为什么道歉会
有意义？关心这些问题的原因是，道歉能恢复遭到破坏的信任，
而且，正如我们在本书中所看到的那样，信任是经济的基石。

当然，信任不仅在经济交易中很重要，它在我们的日常互动
中也很重要，管理金融交易的信任规则同样可以帮助我们洞察我
们的个人关系。例如，婚姻是一种合同（当然，这是法律合同，
但也是隐性合同）。即使没有广泛的法律框架来管理婚姻（和离
婚），我们也会赋予每一段人际关系以社会规则和期望。

在本节中，我们将注意力转向道歉这种制度。它让人们做出
高成本牺牲，因为高成本牺牲是我们重建信任的方式。

我们为什么道歉

这一切的简单答案是，道歉是有用的，可以帮我们省下一大
笔钱。

通过在斯坦福大学进行一项实验室实验，我第一次着手回答
了这个问题。我编写了一个电脑程序，让学生们重复进行信任博
弈。一名学生扮演投资者，另一名学生扮演企业家。投资者在每
一轮博弈开始时获得 10 个积分，他们可以将这些积分保留在手
里或者与企业家一起投资。企业家可能会自私地保留这笔钱，也
可能与投资者分享回报。然而，企业家能否投资成功是不确定

的，在每一轮博弈之后，投资结果才会被公布。即使企业家试图与投资者分享回报，她的努力也有可能失败。然而，投资者只知道自己是否能够收到回报，不知道企业家的选择。因此，如果一位投资者的投资没有得到任何回报，这可能有两个原因，即企业家不值得信任或运气不佳。在各轮博弈之间，我会给企业家机会为糟糕的投资结果道歉，我观察了信任随着时间的推移发生了什么。

简而言之，我发现道歉是有用的。在企业家道歉之后，投资者更加信任他们。道歉之所以有用，是因为更值得信任的人（根据他们在博弈过程中分享的回报进行衡量）更有可能道歉。该理论预测，当风险更大时（当对信任的需求更高时），我们将看到更多的道歉行为。在这个实验中，当参与者对与自己互动的人了解较少时，我们确实在人际关系中更早地看到了更多的道歉行为。

当然，这只是在实验室环境中发生的情况。我们来看看道歉在存在实际利害关系的情况下是否有效。我与另一位经济学家刘美辰一起专注于回答这个问题。一个在道歉频出的领域制定政策的案例是医疗事故方面的道歉法案。我们发现，美国通过的旨在鼓励道歉的州级法律缩短了解决医疗事故诉讼所需的时间并降低了诉讼和解金额。此外，通过关注降幅最高的医疗事故诉讼类型，我们可以更好地理解道歉什么时候起作用和什么时候不起作用（以及原因）。

结果表明，道歉法最大限度地减少了涉及轻微伤害的诉讼，对于妇产科和麻醉科这样的专科案例也十分有效。就患者类别而言，道歉对涉及婴儿的案例最为有效。就错误类型而言，诉讼降幅最大的是涉及内科医生管理不当和诊断失败的案例。

这个研究启发了我的下一个实验，该实验试图更好地理解什么样的道歉有效以及为什么人们经常未能道歉。

我们为什么经常不道歉

医疗事故的例子向我们暗示了是什么让道歉变得如此困难：道歉的成本往往十分高昂。以医疗事故为例，道歉的成本是潜在的诉讼。回想一下我在本节一开始提出的问题：如果道歉是廉价的，为什么道歉会有意义？答案是，廉价的言谈没有太多意义，只有当道歉成本高昂的时候，道歉才表明道歉者值得被再次信任。

我的研究确定了以下五种道歉类型，每一种道歉类型都代表着"我很抱歉"这句话可能带来的不同种类的成本。

- "我很抱歉你的祖母生病了"，即这是一种仅仅认识到某人痛苦的道歉。它不为这种痛苦负责，而只是认识到这种痛苦。这通常被称为"部分道歉"，当人们因为某件他们应该承担责任的事情而使用这种道歉时，这样的道歉通常会给他们带来麻烦，比如："如果你受到了冒犯，我很抱歉。"

- "我很抱歉。这不是我的错"，即这是为失败找借口的道歉。这也是一种简单、低成本的道歉，如果借口是真诚的，这样的道歉可以奏效，但这样的道歉往往会给人们带来麻烦。

● "我很抱歉。这是一些花"，即这是一种伴随着有形代价的道歉。鲜花可能贵得惊人。比如NBA球星科比·比恩·布莱恩特（Kobe Bean Bryant）因对妻子不忠后花费数百万美元购买一枚用于道歉的戒指而闻名。

● "我很抱歉。我再也不会这么做了"，即这是对将来表现更好的承诺。代价是你可能会原谅我，但你会用更高的标准来衡量我。这意味着，如果我再次搞砸了，那么我还不如一开始就没有道歉。

● "我很抱歉。我是个白痴"，即这是一种在一定程度上贬低道歉者的道歉。它让道歉者看起来很糟糕或不称职，以期重建信任。

道歉之所以有效，部分原因在于道歉可能适得其反。这也使得道歉变得困难。这很好，因为道歉越难，就越有效。但如果你搞砸了，后果也会更加严重。

我用数学方法证明了这些成本和后果是必要的，它们给道歉赋予了意义。之后，我与一些合作者，也就是，巴兹尔·霍尔珀林（Basil Halperin）、伊恩·缪尔（Ian Muir）以及约翰·奥古斯特·利斯特（John August List），一起与优步合作，测试了不同类型的道歉。

优步提供乘车服务作为出租车或公共交通的替代品。不过，优步也存在一个问题，因为只要有一次未能按时抵达目的地（比其他乘客的95%类似行程要晚），这就足以让乘客未来在优步上少消费 5%~10%，因为人们会转而使用其他服务。我们与优步合作，研究道歉如何以及何时能有所帮助。

我们不想惹恼优步的客户，所以我们跳过了两种敷衍的道歉："部分道歉"和为失败找借口的道歉。通过在晚点抵达后给客户发电子邮件，我们测试了另外三种类型的道歉。分别是：

- 有形的道歉：提供五美元优惠券供日后使用。
- 基于承诺的道歉：承诺在将来做得更好。
- 基于自我贬低的道歉：为糟糕的经历承认错误。

我们向 150 万名有过糟糕乘坐体验的优步客户发送了电子邮件，并记录他们在接下来的 84 天里的交通消费情况。我们发现，这些道歉通常是有效的。道歉时发放的 5 美元优惠券带来了超过 5 美元的未来消费。但我们同样发现，道歉可能适得其反。如果反复使用，道歉比根本不道歉更糟糕。对于那些收到基于承诺的道歉的人来说，情况尤其如此。我们没有发现证据表明基于自我贬低的道歉是特别有益还是有害，也许这种道歉在这种情况下根本不起作用。这种做法的想法来自关于道歉的文献中我最喜欢的一个实验。

拉丽莎·Z. 蒂登斯（Larissa Z. Tiedens）在克林顿政府执政末期进行了一项实验，就在因莫尼卡·莱温斯基（Monica Lewinsky）事件引发的弹劾听证会之后不久。拉丽莎·Z. 蒂登斯录下威廉·杰斐逊·克林顿的证词，并将其编辑成两段视频。在其中一段视频中，克林顿的话听起来充满歉意；而在另一段中，克林顿听起来不仅毫无歉意，反而十分愤怒。她向不同的学生组展示这两段视频。那些看到克林顿充满歉意的人确实更喜欢他，对他的评价也更好。然而，那些看到克林顿充满愤怒的人虽然不太喜欢他，但认为他是一个更有能力的总统。重要的是，那些看到克林顿充满愤怒的人更有可能再次投票给他。在这个实验中，道歉起了作用，但代价是他的候选资格和人们对他能力的判断。

信任、和解与道歉的郑重程度

虽然我对道歉的兴趣和本书其余部分的主题一样，主要是关于两个个人或组织之间的关系，但道歉也是政府与人民联系以及人民彼此联系的重要组成部分。我们从要求政府或人民为整个社会所犯下的重大罪行道歉的呼吁中看到这一点，比如从奴隶制到非正义战争再到种族灭绝。最近的一项研究发现，在塞拉利昂（Sierra Leone）最近的冲突后，一个关于真相与和解的方案增强了群体的信任。

虽然确实存在一些有效的和解方案，比如塞拉利昂的和解方案，但大多数大规模道歉很少能让受影响的各方满意。这是因为，想要让道歉起作用，道歉必须是很难实现的。无论是最大规模的道歉还是较小规模的日常道歉都是如此。

我研究道歉近 20 年，经常有人问我如何道歉更好。但我从来都不十分确定该如何回答。

道歉是一种表明自己值得信任的行为。如前所述，值得信任

的行为的有效性与该行为的成本成正比。任何让道歉更有效地修
复人际关系的建议，都会让道歉更容易进行，从而降低道歉的成
本和效果。

从我的研究中得出的关键教训是，理想的道歉没有捷径。原
谅需要时间。德国用了几十年时间为大屠杀道歉。美国全国公共
广播电台的《迷失东京》节目报道了日本政府多次向第二次世界
大战期间被关进劳改营的美国战俘道歉的事件。这些战俘总是对
道歉不满意。日本政府曾多次向他们公开道歉，但是因为每次公
开道歉都对日本政府有帮助，这就好像道歉者只是为了自己的个
人利益而道歉，所以战俘们总觉得道歉的代价不够大。美国全
国公共广播电台播出的另一档节目《美国生活》记录了他们称
之为"几乎从未发生过的事情，即公开道歉的结果"。他们描述
了丹·哈蒙（Dan Harmon），即《瑞克和莫蒂》（*Rick and Morty*）
和《废柴联盟》（*Community*）等电视剧的编剧，因性骚扰向一名
前雇员道歉的过程。他在自己的播客录了一段七分半钟的道歉视
频，这确实是很好的道歉，我推荐你查找并阅读注释中的记录。
但是，在该节目上，记者们揭示了：即便道歉是"成功的"，那
位遭到性骚扰的女性还是到后来才公开原谅了丹·哈蒙。原谅的
原因并不是他在那七分半钟时间里说了什么神奇的话，这段七分
半钟的视频只是一系列道歉的一部分。这些道歉持续了很多年，
包括当面道歉，在舞台上道歉，在推特上道歉，以及通过电子邮
件道歉。有效的道歉需要时间。最后的道歉中丹·哈蒙承认了罪
行，这让他面临诉讼风险。丹·哈蒙做出了成本高昂的牺牲。这

种牺牲就是有效道歉的秘诀。

社会学家尼古拉斯·塔乌奇斯（Nicholas Tavuchis）谈到了道歉的悖论。我们希望人们道歉，但我们对道歉的即时反应往往是惩罚或排斥。道歉者需要遭到一段时间的排斥，也就是，在被允许回到信任圈之前，他们必须付出代价。

信任理论确实有一些关于如何道歉的实用建议。其中一个建议是要弄清楚我们道歉的原因。道歉是为了建立信任，而建立信任是为了让未来的互动带来积极的结果。因此，为无意的后果道歉比为有意的后果道歉更加容易。在许多实验中，对无意的后果的道歉更容易被接受，而对有意的后果的道歉则被认为是不真诚的，而且往往适得其反。知道这一点也很有帮助，因为有效的道歉总是需要付出代价，也就是说它往往是一种社会制裁，当对方觉得道歉不真诚时，这种社会制裁会更加严厉。因此，知道什么时候道歉很重要。在最需要信任的时候道歉通常会更有效。信任是关于人们如何应对不确定性，因此，在我自己的实验中，道歉在关系初期或与你打交道的人的不确定性更大的时候是最有效的。

身份、尊严与隐私

在前面关于信任在金融市场中的作用的章节中，我们注意到利率是经济学家用来量化信任的最纯粹指标。你必须为贷款（比如房屋抵押贷款）支付的利率是一个数字，它反映了市场对你偿还贷款能力的信心。贷款人竞相向你提供最优惠的利率，但他们必须收取足够高的利率来支付自己的成本。贷款人担心的主要成本是违约风险。换句话说，他们担心你会做出不值得信任的行为，即不还钱给他们。你的利率是由你的信用评分决定的，即一种衡量你的可信度的指标。

在美国，你的信用评分只基于五个因素：支付历史、信用使用情况、信用历史长短、新信用和信贷类型。大多数人可能会认为这个系统是理所当然的，然而，对这个想法稍加探究，两个显而易见的问题就会出现：

- 为什么只使用这五个因素？
- 为什么只使用信用评分来决定利率？

这两个问题的答案具有启发性，它们展现了尊严和隐私在决定我们的信任方式时所起的作用。

当中国开始引入自己的社会信用体系（该体系旨在"在人和企业之间建立更好的信任"）时，该国迫使我们思考上述两个问题。中国不是只看你的信用历史，而是将你的社会信用评分建立在各种行为之上，比如从乱穿马路到拖欠罚款，再到玩电子游戏所用的时间。

此外，你的传统信用评分只用来确定贷款时的利率，而你的社会信用评分则是用来决定你是否获准乘坐火车或飞机，你的孩子是否获准进入某些学校，你是否可以租到一套公寓，你从网上下载资料的速度可以有多快，你是否可以得到某些工作，你在约会网站上与谁配对。这些信用评分通过应用程序向公众公开，因此，你周围的人，比如也许是咖啡馆里坐在你旁边的人，就可以根据你的社会信用对你区别对待。

在西方民主国家，消费者通常更信任待售产品，也更信任彼此，一个如此广泛的信用评分体系的好处似乎很有限，而在隐私方面似乎要投入巨大的成本。然而，尽管西方国家不太可能在短时间内采用这样的体系，但谷歌和脸书等公司收集和使用个人数据的方式意味着这些问题仍然很有意义。

尊严这个更大的概念，即所有人都应该受到平等对待，也是我们不断扩大的信任圈的最终目标。

什么可以作为信任的基础

2000 年，亚马逊公司进行了一项实验：该公司根据自己对消费者的了解，向不同的消费者对同样的商品收取不同的费用。这种价格歧视在许多行业都很常见，比如最显著的是航空业，航空公司的定价晦涩难懂且剧烈波动，以致乘客为质量相同的座位支付差异巨大的费用。然而，动态定价（根据一天中的时间快速调整价格）和个性化定价（根据购票者的身份收取费用）是有区别的。后者似乎已经越过了一条红线，亚马逊公司在消费者发怒之后迅速后退了（在高等教育领域，学院和大学根据个性化的大学助学金收取不同的教育费用。高等教育是少数几个似乎不因个性化定价而被诟病的部门之一）。

人们会因为过去的行为或身份而受到各家公司的区别对待，

这种想法是大多数西方人无法接受的。我们可以从西方国家通过的保护隐私和限制身份歧视的法律中看到这一点。看看政府如何规定我们在决定信任谁时需要考虑的因素,这可以为我们提供有用的信息。

在美国,1974 年通过的《信贷机会均等法》(*Equal Opportunity Credit Act*)规定,基于种族、肤色、宗教、民族、性别、婚姻状况或年龄做出信贷决定是非法的。这部法律实际上规定了我们可以使用哪些信息来确定可以将自己的钱托付给谁。例如,研究表明,女性借款人往往比男性借款人更值得信任。穆罕默德·尤努斯(Muhammad Yunus)因建立格莱珉银行(Grameen Bank)而获得了诺贝尔和平奖。格莱珉银行旨在通过只向女性提供贷款来帮助发展中国家,部分原因是女性更值得信任。像 Siri 和 Alexa 这样的人工智能语音助手(在名字和音色方面)通常以女性的身份出现,以增加可感知的可信度。女性较高的可信度本应该使贷款人向女性提供较低的利率,因为她们是风险较低的借款人。然而,贷款人只能根据借款人的工资和过去的信用记录,而不是性别做出决定。这实际上产生了反常的后果:因为相较于男性,女性的工资往往更低,而借款后身负的债务往往更高,平均而言,女性需要支付的利率高于男性,尽管我们知道她们通常更值得信任。

我们都能理解为什么我们希望公司不要因为我们的年龄、种族、性别或其他关键的身份因素而区别对待我们。但我们也想对自己过去的行为会如何影响别人对我们的态度施加一定的限制。我们对贷款人利用我们的信用卡逾期还款记录来决定是否借钱给我们感到自在，但当贷款人能够获取并使用我们乱穿马路的倾向、我们约会应用软件的个人资料或我们的在线购物历史时，我们就不那么自在了。

换句话说，我们认为自己拥有隐私权。关于隐私的争论所缺失的一个关键元素是：隐私权并不是保守秘密，我们的隐私权主要是关于某些信息以何种方式被谁使用。例如，我们的约会资料不是秘密，而是相当公开的；当有人到家里来时，我们通常不会隐藏自己在网上或其他地方购买的东西。在某些情况下，关于我们的约会兴趣和家居装饰偏好的信息是其他人可以获得的。隐私权涉及的是信息如何使用以及由谁使用。

隐私是一个相对而言较新的问题，因此，支配隐私信息如何共享和使用的规范仍然存在（道德上和法律上的）争议。欧盟最近通过了《通用数据保护条例》（*General Data Protection Regulation*，简称 GDPR），该条例限制了网站使用和收集我们信息的方式，并确立了一项"被遗忘权"，要求像谷歌这样的搜索引擎"忘记"一些人们不想让世人记住的事情。例如，如果某人的不雅照在违背自己意愿的情况下被之前的伴侣发布到网上（所谓的色情报复），这个人有权将这些照片从搜索引擎和其他网站上删除。同样，已经服刑的罪犯可以要求法院下令将所有有关自己犯罪的信息从谷歌这样的网站上删除，从而使这些信息不再出现在搜索引擎上。

"被遗忘权"基于这样一种想法：我们过去所做的事情不应该导致我们现在遭到排斥或不被信任。当然，这种想法并非没有争议。更广泛的共识是，为了报复某人而在未经此人允许的情况下发布的色情报复，比如裸照，应该被从互联网上删除。但是关于曾经的性侵犯者是否也应该拥有同样的权利，人们还存在争议。就像信用评分应该考量什么信息存在争议一样，人们也在争论隐私的限制。

无论如何，隐私与建立信任在根本上是相互矛盾的，信任通常以信息透明为基础。回想一下，信任是对你所交往的人的一种信念；掌握更多关于周围的人的信息会让你的信念更加准确。但提供更多此类信息意味着更少的隐私。隐私和信任之间的这种紧张关系源于人类的基本尊严，这意味着不同的人不能因为他们的身份而受到区别对待。隐私权神圣不可侵犯，以保护人类的基本尊严。但是隐私权阻碍了我们如何决定我们可以信任谁。

尊严

但是，一个人被认为是一个人，也就是说，被认为是一种道德实践理性的主体，这是无价的……他拥有一种尊严（绝对的内在价值），通过这种尊严，他要求世界上所有其他理性之人尊重自己。他可以通过所有其他同类来衡量自己，并在与他们平等的基础上评价自己。

——《道德形而上学》（*The Metaphysics of Morals*）

伊曼努尔·康德著

康德认为所有人都有这样的权利：他们受到的对待完全不取决于他们是谁或做了什么，哪怕他们做了违法或不道德的事。康德所提到的尊严对于经济学来说是一个相当新的概念。正如他在上述引文中所表达的，他认为尊严是一种使人受到尊重的权利，它不取决于美德，而仅仅取决于一个人身而为人。尊严不取决于美德，这意味着尊严不应该取决于我的身份（年龄、种族或性别），不应该取决于我过去的行为。当然，棘手的是弄清楚这实际上意味着什么：尊严的平等并不意味着每个人都必须受到平等对待，不管他们的行为有何不同。另一个问题是，尊重某人意味着什么。本章的启发性例子是信用评分如何影响信用和银行贷款。中国的信用评分体系将信用评分的应用范围扩展到了上学和购买火车票等方面。所有领域都需要平等的对待，还是只有部分领域需要平等的对待？最近围绕隐私的争论有助于更好地说明这些冲突。

本书的大部分内容都是经济学家对效率的共同专注。保障信任的各种制度主要是帮助人们了解关于生活伙伴和工作伙伴的可信度的最准确信息，并鼓励人们以值得信任的方式行事。一般来说，经济学家认为掌握更多信息是件好事，因为掌握更多信息有助于我们做出更好的决定。

在大数据世界里，像谷歌和脸书这样的科技公司知道我们所有的个人信息。对大数据世界的普遍反对表明，我们希望限制他人知道的信息量，即使对信息的限制会阻碍决策和整个经济的效率。这一担忧部分源于我们的信息会不准确或不完整。各家公司掌握的信息必然是不完整的，我们持反对态度的部分原因是我们不希望自己的信誉被错误的数据影响。一辈子的好名声可能会因为一个判断上的错误毁于一旦，说句老实话，我们知道自己都可能犯这样的错误。而在油管和社交媒体的时代，这样的错误可能会伴随我们余生。

人们担心这些私人信息的收集方式缺乏问责制。如果某人的信息档案描绘了一个误导性的形象，我们尚无完善的体系来纠正这一形象。在线数据可能不准确，这一观念在经济学中是很容易理解的。经济学家认为信息越多越好，因为更多的信息会帮助做出更理想的决策，但更多误导性的信息反而会导致更糟糕的决策。因此，不良信息显然应该受到监管和抑制。

然而，我不认为准确性是我们关心隐私的唯一原因。许多援引"被遗忘权"的呼吁都涉及我们决定回避谁的问题。正如我们在讨论信任和宗教时所看到的，信任的部分历史是关于我们如何平衡信任和回避这两种相互对立的力量。我们将回避作为一种惩罚不值得信任的行为的方法和一种将内群体成员（我们信任的人）与外群体成员（我们不信任的人）分开的方法。正如我们所见，我们拥有的强大生物和文化根源驱使着我们本能地回避不值得信任的人。这些法则基于这样一个想法：为了维护人类尊严这一基本权利，我们可能需要抑制回避的本能。

隐私权还与康德青睐的另一个观点交织在一起，即我们都有权获得个人自主性。回避是一种社会控制的工具。宗教运用回避来维护自己的规则和宗教成员的可信赖性。中世纪法国香槟地区的商人用回避来确保群体中的成员遵守他们的贸易协议。但随着科技将我们的私生活越来越多地暴露在公众的眼光下，我们因自己过去的行为而遭到回避的威胁进一步限制了我们的行为方式，也进一步抑制了我们自主行动的能力。

经济学与尊严

我试图围绕经济学文献中的关键发现来组织本书，但本节关于尊严和隐私的内容多了一丝推测的意味。在经济学中确实有关于尊严和隐私的文献，但数量都很有限。关于隐私的文献关注的大多是我们愿意为隐私付出什么代价，把对隐私的需求和其他消费品放在同一个层面上。这些文献较少提及为什么我们从根本上在乎隐私。（给你个提示：我认为是因为尊严。）

关于尊严的文献分为两类。一类以诺贝尔奖得主，哲学家阿马蒂亚·森为代表，他主张尊严是一个社会目标，并试图说服经济学家拓展健康社会的概念，从国内生产总值（GDP）水平高或持续增长的社会，拓展到在额外指标上取得成功的社会。我认为，经济学家乐于关注一个比国内生产总值更广泛的幸福观点，只要我们能从社会总效用的角度实现这个目标。但阿马蒂亚·森进一步提出，我们需要最大化的是人的能力，这种能力源于某种实现自由和自主性的潜在目标。哲学家玛莎·努斯鲍姆（Martha Nussbaum）扩展了这一观点，认为人的能力这一目标从根本上源自尊严。

另一类关于尊严的经济学文献更新，也更紧迫。安妮·凯瑟琳·凯斯（Anne Catherine Case）和诺贝尔奖得主安格斯·斯图尔特·迪顿（Angus Stewart Deaton）赞同阿马蒂亚·森的观点，即国内生产总值可能并不足以构建一个健康的社会。他们的研究集中在更加具体的额外指标上。值得注意的是，安妮·凯瑟琳·凯斯和安格斯·斯图尔特·迪顿发现，从2015年至2017年，美国人的预期寿命几十年来首次下降，这一现象在45岁至54岁的美国工薪阶层中表现得最为明显。在深入研究数据之后，他们将美国人预期寿命的下降归咎于自杀和药物过量现象的不寻常增长。尽管自杀和药物过量的原因都很复杂且受诸多因素的影响，但安妮·凯瑟琳·凯斯和安格斯·斯图尔特·迪顿将两者联系起来，称它们为"因绝望导致的死亡"。虽然这种绝望的原因尚不清楚，但许多观察人士将这种绝望归因于尊严的丧失。

我从身份的经济意义这一角度考虑尊严、自主性和隐私三者相互关联的方式。我们在意他人如何看待我们，与此相关的经济学文献丰富而冗长，多得惊人。例如，人们常常忘记了现代经济学的创始人亚当·斯密在创作他最著名的《国富论》之前还创作了另一本书。1759年，亚当·斯密在他的《道德情操论》（*The Theory of Moral Sentiments*）（1759）中写道：

　　　　这个世界上的一切奔波忙碌是为了什么？贪婪和野心、追求财富、权力和卓越又是为了什么？是为了满足生活所需吗？可是最卑微的劳动者的工资也能满足这些需要。我们看到这些工资为他提供了衣食、舒适的住房和温馨的家庭。如果我们仔细考察一下他的经济状况，我们就会发现，他将大部分工资花在了可以被视为多余的生活便利品上……

那么，这种遍及人类各个阶层的攀比竞争从何而来？我们将改善自身境况称为人生的伟大目标，我们指望从这一伟大目标中获得的好处是什么呢？万众瞩目，前呼后拥，受到人们带着支持、满足和赞许的关注，这就是我们想要从上述目标中获得的好处。我们感兴趣的是虚荣，而不是安逸或愉悦。

亚当·斯密指出，我们之所以在乎赚钱，并不是因为我们想要获得更多的东西。即便是在 18 世纪，最贫穷的工人也有足够的钱购买基本的生活必需品。相反，亚当·斯密认为，一旦我们有足够的钱支付服装和住房等基本生活所需，我们就会购买更好的衣服和住房，因为更好的服装和住房将改变他人对待我们的方式。我们之所以在乎更好的服装和住房，从根本上说是因为我们在乎他人对待我们的方式。

一个世纪之后，索尔斯坦·邦德·凡勃伦在《有闲阶级论》中提到了"炫耀性消费"这个想法，即我们拥有经过精心打理、长势良好的绿草坪，驾驶好车，都主要是为了显得富有。这个想法已经发展成为丰富的文献，例如，这些文献发现，炫耀性消费是丰田（Toyota）普锐斯（Prius）汽车大获成功的主要原因，同时也是公司中的高绩效人员往往报酬过低而低绩效人员报酬过高（以补偿他们较低的地位）的主要原因。

我们出于"虚荣"而购买东西是为了得到"支持、满足和赞许"，这是一个古老且没有争议的观点。但在我和合著者的研究中，我们试图扩展这一观点，考虑该观点如何适用于我们选择做的所有事情，而不仅仅是我们选择购买的东西。我们的人类行为模型扩展了经济学家用来为决策建立模型的效用模型。我们将促使人们采取某种行动（比如购买普锐斯或贷款）的动机分为他们从这一行动中获得的内在（或工具性）效用和他们获得的外在（或表现性）效用。内在效用包括了采取行动的直接好处，例如，汽车带来的乐趣以及汽车的代步能力。外在效用是指该决定如何影响他人对待你的方式。

这个公式帮助我们将选择背后的动机分解为内在来源和外在来源。有些人更有可能受到内在来源的激励，而另一些人则更有可能受到外在来源的激励。在流行文化中，我们倾向于重视真实性。当一个人做出的选择似乎仅仅是出于内在动机时，我们认为这个人是"真实的"。如果一个人的音乐品位取决于个人形象以及由此导致的他人的对待方式，那么这个人就会被认为是"不真实的"。

近几十年来，哲学家们已经将个人自主性确定为社会的一个重要目标。他们将个人自主性定义为"在生活中为自己做出决定并遵循该决定行动的能力，通常不考虑任何特定的道德内容"。无论是在普遍意义上对真实性的重视，还是在哲学意义上对自主性的重视，我们都看到隐私有助于我们摆脱外在约束。因为如果没有人在看我们做什么，我们就更能按照真实的、内在的自我生活和行动。

然而，承诺自主性和隐私限制了社会用来创造信任的工具。特别是，承诺尊重人的尊严对为了创造信任和可信度而建立的机制施加了两个限制：

● 我们评估可信度的方式（即我们如何决定信任谁）不应该取决于我们所交往的人的身份。

● 我们评估可信度的方式不应该取决于不相关的过往行为。

我们目睹了这种方法如何应用于信贷市场。我们有法律防止根据年龄、种族和性别来决定人们能否获得信贷。我们也有法律防止大多数过去的行为影响信贷决定。你的信用评分取决于支付历史和信用使用情况等因素，而不取决于你的工作和居住地等因素。我们在讨论医学的时候就看到了这一点：我们不应该根据种族来匹配患者和医生，即使这会提高信任水平。

卡尔·海因里希·马克思担心商品化，也就是，人类在市场领域的经验越来越多。例如，曾经作为大自然的一部分而为所有人共享的土地，当它被分割并作为"房地产"定价时，它就被商品化了。而经济学家普遍赞同商品化。英国对公共土地的分割被认为是引发第一次工业革命并将世界带入现代社会的原因。经济学家认为，当代社会的许多问题，比如污染、过度捕捞、艺术和创新领域的资金不足，恰恰是在这些因素没有被商品化、没有被纳入产权和价格的市场体系时出现的。

数字经济带来的一个重大转变是我们的个人信息和隐私正在被商品化。我们的购物习惯、我们在闲暇时做些什么、我们拜访过谁，这些曾经都是秘密，现在都成了公开和可以交易的东西。像亚马逊这样的公司追踪我们的消费，电话公司追踪并分享我们的去向，电视台追踪我们观看的节目，社交媒体追踪我们的友谊。基础经济学认为，所有这些发展都在朝着更好的方向发展。曾经没有被商品化也没有创造价值的信息被带进了市场，现在正在为我们从未拥有过的服务买单。在经济学中被称为信息不对称的那些秘密正在被解开，为人们提供更好的信息，这些信息不只是关于向谁做广告，还关于应该信任谁。

这些都是有利于促进经济效率的积极特征。然而，它们对尊严和自主性的影响使许多人感到不安。公众和政策制定者都很担心，新技术正在以新的和令人恐惧的方式侵犯我们的隐私，从而侵犯我们的自主性和尊严。尽管人们还在继续愉快地使用亚马逊和脸书等与他人共享数据的服务，但有人疾呼应该采取行动。他们认为，这只是因为公众不知道这些服务会导致什么东西面临风险。我的观点是，人们在乎隐私，但只限于隐私侵犯到他们的自主性的时候。目前，对大多数人来说，数据在线分享的好处大于风险。更好地理解我们如何、何时，以及为何在乎隐私，有助于制定更明智的法规，并为消费者提供更好的方式保护自己和自己的隐私。

结　语

本书伊始，我们从小处入手，关注导致儿童信任父母的生物机制以及维持小型史前部落秩序的制度。我们最后关注的是，当我们试图解决影响整个地球以及地球上的所有人类和非人类居民的问题时，上述机制如何依然在全球范围内发挥作用。

我们很容易关注世界所面临的问题，比如环境影响波及全球，我们的政治话语的偏袒和尖刻本质日益凸显，并感到悲观。这些问题似乎变得越来越严重，而我们解决它们的能力却似乎正在退化。但从更广阔的角度看待问题给我带来了希望，原因有二。

第一个原因是，在变化面前，我们的话语权总是被悲观主义者所主宰。马特·里德利（Matt Ridley）所著的《理性乐观派》（*The Rational Optimist*）一书指出，自苏格拉底时代以来，悲观主义者就一直被认为是严肃而重要的，而乐观主义者则被嘲笑为愚蠢而盲目乐观的，尽管历史一次又一次证明乐观主义者是正确的。

在古希腊时代，苏格拉底担心，一种新技术（读写能力和书籍）的广泛采用会导致文明的衰落。他认为，把东西写下来会破坏文明的结构，因为这将使我们从书籍中寻找智慧，而不是从相互交谈中寻找智慧。苏格拉底担心，我们会迷失在书籍中，并丧失将我们连接在一起的纽带。今天，我们将书籍和读写能力称颂为我们从彼此身上获得的知识的补充。事实上，甚至与苏格拉底的担忧正相反的是，我们反而担心随着社交媒体的出现，我们从彼此身上学到的东西太多，而从书籍中学到的东西太少。

18 世纪的托马斯·罗伯特·马尔萨斯（我们今天仍能听到这种观点）认为，人口增长正在失去控制，文明将因大范围的饥荒和饥饿而瓦解。然而，技术总是能够跟上人口增长的步伐，甚至与托马斯·罗伯特·马尔萨斯的看法正相反的是，许多国家现在担心的是人口太少而不是太多。今天，我们又能看到评论家们在担心文明的终结。例如，社交媒体等新技术正在动摇我们对制度的信任，许多人担心人口增加所造成的环境问题在规模上已经超出了各种制度的处理能力。

然而，自文明伊始，我们能够衡量和追踪的每一个反映人类福祉的指标就一直在稳步提高。死亡率一直呈下降趋势；幸福感一直呈上升趋势。种族和性别差异有所下降。基于性取向的歧视状况也有所缓解。全球贫困人口比例有所下降，疾病死亡人数也有所下降。不平等程度在全球范围内有所下降。女童的受教育程度正在提高，婴儿死亡率在下降，获得医疗保健的机会在增加。

比尔·盖茨在担任《时代周刊》客座编辑时指出，世界并非正在变得更加糟糕，数据可以证明这一点。相反，情况正在变得更好，只是我们对坏事的容忍度一直在下降。但是这两种情况都应该被视作好的趋势，即使我们觉得情况正在变得更加糟糕。

　　至少在最近这些年，信任的发展之路更加复杂。本书所记录的人类历史的更大趋势展示了我们创造的制度（从宗教到市场再到法治）如何不断扩大我们所信任的人的范围并加强人类这个物种的能力。

　　虽然人们对媒体和政府等专业知识的信任在最近几十年里有所下降（偶有回升），但历史的发展趋势还是积极的，因为制度的发展帮助我们处理与我们的关系相关的信息流，并为值得信任的行为创造正确的激励因素，同时创造方法减少与相互信任有关的风险，并创造方法表明自己值得信任。

　　在我们生活的时代，技术和互联互通使我们面临全球性的问题。地质学家已经开始将我们现在的时代称为"人类世"（anthropocene），在这个时代，地球的发展轨迹主要由人类的选择决定。然而，几个世纪以来，人类社会的进化也显示出了一种适应能力，社会结构不断变化，以应对日益增多的社会困境和不断扩大的公地悲剧。这种成长并非没有问题。通常，使我们对差异持怀疑态度的正是这些旨在建立信任的机制。然而，在每一个时代，我们扩展内群体的定义以重新定义"和我一样的人"这一概念的能力有增无减。巨大的挑战摆在面前，但我们的社会进化根基为我们提供了成功所需的工具。

　　我确实相信我们有能力克服面前的这些挑战。我希望你也相信这一点。